本书由安徽省哲学社会
"长三角城市群数字基础设施韧
（AHSKYY2023D01

长三角城市群数字基础设施发展研究

刘 艳 著

机械工业出版社
CHINA MACHINE PRESS

本书紧密结合国家战略和数字基础设施发展现状，系统梳理了数字基础设施的基本概念和相关理论基础，并以长三角城市群为研究范围，重点探讨了数字基础设施建设水平测度评价、时空差异特征及其对城市经济韧性的影响。在此基础上提出协同发展的有效路径和提升策略，对于实现长三角城市群经济社会数字化转型与高质量发展具有重要的现实意义。在内容选择上注重理论基础与实践应用相结合，以系统的理论框架、科学的评价方法、严谨的实证研究为工具，给出了清晰、明确的结论，从而为相关从业者提供了重要的参考和实用指导。

图书在版编目（CIP）数据

长三角城市群数字基础设施发展研究／刘艳著.
北京：机械工业出版社，2025.7（2025.9重印）. -- ISBN 978-7-111-78483-8

Ⅰ. F492.3

中国国家版本馆 CIP 数据核字第 20250DQ921 号

机械工业出版社（北京市百万庄大街22号　邮政编码100037）
策划编辑：薛俊高　　　　　　　责任编辑：薛俊高　范秋涛
责任校对：赵　童　杨　霞　景　飞　　封面设计：张　静
责任印制：刘　媛
北京建宏印刷有限公司印刷
2025年9月第1版第2次印刷
148mm×210mm・5印张・117千字
标准书号：ISBN 978-7-111-78483-8
定价：49.00元

电话服务　　　　　　　　　　网络服务
客服电话：010-88361066　　　机 工 官 网：www.cmpbook.com
　　　　　010-88379833　　　机 工 官 博：weibo.com/cmp1952
　　　　　010-68326294　　　金 书 网：www.golden-book.com
封底无防伪标均为盗版　　　　机工教育服务网：www.cmpedu.com

前言

　　随着全球信息技术产业的蓬勃发展，数字技术正在加速重构区域、产业、国家乃至全球经济形态，数据要素已成为继土地、劳动力、资本、技术之外的第五大生产要素。据报道，美国、欧盟、日本、新加坡等已开始纷纷加快信息基础设施建设，提升数字经济产业竞争力，优化数字战略布局。如何加快推进数据要素市场化配置，将数据要素转化为区域经济发展的生产力，打造更高质量和更可持续的数字驱动型发展模式，已成为国家竞争力的战略制高点。

　　在当前的数字化浪潮下，作为支撑数字经济发展的核心底座，数字基础设施已经像水、电、公路一样，成为人们生产生活的必备要素，在推动经济发展、促进社会进步和改善人民生活方面发挥着重要作用，逐步成为经济社会新一轮的产业投资发展方向，也是我国政府高度重视和关注的热点建设领域。构建高效协同、安全可靠、普惠包容的数字基础设施体系，不仅是推动产业转型升级、实现网络强国战略、加快建设"数字中国"的关键引擎，更是实现经济高质量发展、应对全球数字治理变革的必由之路，也是落实我国《数字中国建设整体布局规划》的必然要求。

　　长三角地区是"一带一路"与长江经济带的重要交汇地带，在中国现代化建设大局和开放格局中具有举足轻重的战略地位，是中国参与国际竞争的重要平台、经济社会发展的重要引擎。然而，长三角城市群数字基础设施建设水平存在显著差异，不同地区之间的数字鸿沟和发展不平衡问题日益凸显。在此背景下，研究长三角城市群数字基础设施发展现状，剖析数字鸿沟和发展不平衡问题的根源，为长三角一体化发展战略提供"基建优势"，对于促进区域经济协调发展、落实扩大内需战略具有重要意义。

本书立足于"宽带中国"政策实施这一典型事实，致力于系统分析数字基础设施的发展现状，厘清长三角城市群数字基础设施建设水平、时空差异特征及对城市经济韧性的影响，探索推进长三角地区数字基础设施协同发展的有效路径。全书共分10章。前4章基于概念界定与相关理论，总结数字基础设施的发展历程、我国数字基础设施的发展现状及存在的问题；第5章对我国数字基础设施政策进行梳理与评价；第6章至第8章利用2014—2023年长三角41个城市面板数据，借助多种计量经济模型探讨长三角城市群数字基础设施建设水平的测度、时空差异特征以及对城市经济韧性的影响；第9章提出长三角城市群数字基础设施协同发展的有效路径和提升策略；第10章展望未来的发展趋势，并提出全面的结论和建议。

尽管书中收集了大量资料，并汲取了国内外众多学者研究的精华，但由于时间仓促和能力有限，书中内容难免存在疏漏之处。特别是对有些专业方面的研究还不够全面深入，有些统计数据和资料掌握得也不够及时完整，需要在今后的工作中继续补充完善，也欢迎大家提出宝贵意见和建议。最后，向为本书提供支持及对书中内容做出贡献的各级领导、专家学者以及企业家们表示诚挚的感谢。

刘　艳

2025年4月于合肥

目录

前言

第1章 绪论 / 1

  1.1 研究背景与意义 / 1

    1.1.1 研究背景 / 1

    1.1.2 研究意义 / 4

  1.2 推进数字基础设施发展的意义 / 6

  1.3 数字基础设施发展的动力机制 / 7

    1.3.1 数字基础设施发展的外在动力 / 8

    1.3.2 数字基础设施发展的内在动力 / 9

  1.4 主要研究热点 / 10

    1.4.1 基于 CiteSpace 的研究热点及趋势 / 10

    1.4.2 数字基础设施建设水平研究 / 13

    1.4.3 数字基础设施建设的经济效应研究 / 14

    1.4.4 数字基础设施建设的社会效应研究 / 16

    1.4.5 数字基础设施的区域差异研究 / 18

    1.4.6 研究述评 / 19

第2章 数字基础设施概述 / 21

2.1 数字基础设施的内涵 / 21
    2.1.1 数字基础设施的概念 / 21
    2.1.2 数字基础设施的应用场景 / 24

2.2 数字基础设施的分类 / 25
    2.2.1 按照功能与技术特性划分 / 26
    2.2.2 按照基础设施性质划分 / 27
    2.2.3 按照数据获取、传输、存储划分 / 28

2.3 数字基础设施的基本特征 / 30

2.4 数字基础设施、新型基础设施、传统基础设施的对比分析 / 34
    2.4.1 数字基础设施与传统基础设施对比 / 35
    2.4.2 数字基础设施与新型基础设施对比 / 35

第3章 数字基础设施的理论基础 / 37

3.1 经济增长相关理论 / 37
    3.1.1 古典增长理论 / 37
    3.1.2 新古典增长理论 / 38
    3.1.3 内生增长理论 / 39
    3.1.4 绿色增长理论 / 40

3.2 可持续发展相关理论 / 41
    3.2.1 可持续发展理论 / 41
    3.2.2 区域协调发展理论 / 42
    3.2.3 基础设施外部性理论 / 43

3.3 技术创新和变革相关理论 / 43
    3.3.1 技术创新理论 / 43

3.3.2 技术变革理论 / 44

3.4 新经济地理相关理论 / 45

    3.4.1 新经济地理学"中心—外围"理论 / 45

    3.4.2 空间效应理论 / 46

    3.4.3 空间相互作用理论 / 47

3.5 经济韧性相关理论 / 47

    3.5.1 经济韧性理论 / 47

    3.5.2 公共物品理论 / 48

第4章 数字基础设施的发展历程与现状 / 50

4.1 国外数字基础设施的发展 / 50

4.2 我国数字基础设施的发展历程 / 52

4.3 我国数字基础设施的发展现状 / 55

    4.3.1 网络基础设施进入提速升级新阶段 / 55

    4.3.2 算力基础设施达到世界领先水平 / 59

    4.3.3 应用基础设施水平实现新突破 / 61

4.4 我国数字基础设施发展中存在的主要问题 / 65

第5章 我国数字基础设施政策梳理与评价 / 68

5.1 国家层面政策 / 68

5.2 长三角地区政策 / 70

    5.2.1 省级层面政策 / 70

    5.2.2 跨区域协同政策 / 73

    5.2.3 重点领域政策 / 74

5.3 政策评价 / 75

第6章 长三角城市群数字基础设施水平测度与评价 / 77

6.1 研究对象与数据来源 / 77

 6.1.1 研究对象 / 77

 6.1.2 数据来源 / 78

6.2 评价指标体系构建 / 78

 6.2.1 构建原则 / 78

 6.2.2 指标体系的构建与说明 / 79

6.3 评价方法——熵权 TOPSIS 法 / 81

6.4 长三角城市群数字基础设施建设现状分析 / 84

 6.4.1 光缆密度现状 / 84

 6.4.2 人均互联网宽带接入端口现状 / 86

 6.4.3 相关从业人员现状 / 88

 6.4.4 电信业务收入现状 / 90

 6.4.5 移动电话普及率现状 / 92

 6.4.6 互联网普及率现状 / 95

6.5 测算结果与分析 / 97

第7章 长三角城市群数字基础建设的差异特征分析 / 101

7.1 时空差异特征分析 / 101

7.2 空间分布特征分析 / 105

第8章 数字基础设施建设对长三角城市群经济韧性的影响 / 108

8.1 "宽带中国"战略的事实背景 / 108

8.2 理论分析与假设提出 / 109
    8.2.1 数字基础设施对长三角城市群经济韧性的直接影响 / 110
    8.2.2 数字基础设施对长三角城市群经济韧性的间接影响 / 111
    8.2.3 数字基础设施对长三角城市群经济韧性的空间溢出 / 112

8.3 研究设计 / 113
    8.3.1 模型设定与指标选取 / 113
    8.3.2 数据来源与典型事实特征 / 115

8.4 回归结果分析 / 116
    8.4.1 基准回归结果分析 / 116
    8.4.2 稳健性检验 / 117

8.5 进一步拓展分析 / 120
    8.5.1 作用机制检验 / 120
    8.5.2 空间溢出效应 / 121
    8.5.3 异质性检验 / 123

第9章 长三角城市群数字基础设施协同发展的提升策略 / 126

9.1 多维度协调，构建一体化发展格局 / 126
    9.1.1 加强顶层设计和科学规划 / 127
    9.1.2 打破壁垒，促进资源共享 / 127
    9.1.3 健全重大基础设施建设协调机制 / 128
    9.1.4 推动城乡与区域均衡发展 / 128

9.2 产业融合创新，推动集群化发展 / 129

  9.2.1 打造数字产业生态圈 / 129

  9.2.2 促进数字基础设施与传统基础设施融合发展 / 129

  9.2.3 推广数字绿色基建 / 130

  9.2.4 构建融合发展体系 / 130

 9.3 强化技术革新，共建共享关键数字基础设施 / 131

  9.3.1 强化新型算力基础设施的支撑作用 / 131

  9.3.2 优化网络基础设施布局 / 132

  9.3.3 加快传统基础设施数字化改造 / 132

  9.3.4 推进跨区域数据互通 / 132

 9.4 加大政策支持，促进跨区域协同创新 / 133

  9.4.1 创新投融资模式 / 133

  9.4.2 制定统一标准体系 / 134

  9.4.3 加大对新兴技术的推广应用 / 134

  9.4.4 优化环境，保障网络安全 / 134

  9.4.5 深化开放合作，对接国际规则 / 135

  9.4.6 加强数字经济人才的培养和引进 / 135

第 10 章 结论与展望 / 136

 10.1 研究结论 / 136

 10.2 未来展望 / 137

  10.2.1 数字基础设施发展面临的机遇 / 137

  10.2.2 数字基础设施的未来发展趋势 / 138

参考文献 / 142

第1章 绪　　论

当前，我国经济社会正在向数字化、信息化转型，数字经济发展也在向产业格局、公共服务、社会治理等领域深入渗透。在数字化经济浪潮下，以信息技术为核心的新一代数字基础设施正在成为全面提升区域创新体系效能、激发数字经济活力、进而推动区域创新发展和畅通国内大循环的重要引擎。数字基础设施建设有助于形成良好的联动效应，促进区域进一步拓展合作平台、丰富合作载体，为长三角城市群区域协同发展提供新模式。

1.1　研究背景与意义

1.1.1　研究背景

我国经济发展已步入新时代，实现了由高速增长向高质量发展的转变。2022年12月中共中央提出，实施扩大内需战略需要发挥消费的基础性作用和投资的关键作用。基础设施作为拉动经济增长的重要引擎，是我国稳定经济发展、调节产业结构的重要政策性工具。伴随着新一轮科学技术革命和产业革命在全球逐渐兴起，数字经济蓬勃发展，经济社会的不同领域发生了巨大的历史性变革。数字技术的变革，在经济、政治、文化、医疗、国防等各领域产生的影响越来越深刻，数据成为关键生产要素，数字服务成为核心，数字订购与交付成为主要特征，正推动全社会逐步从"工业生态"进入

"数字生态"。数字技术正在加速重构区域、产业、国家乃至全球经济形态，数据要素已成为继土地、劳动力、资本、技术之外的第五大生产要素。如何加快推进数据要素市场化配置，将数据要素转化为区域经济发展的生产力，打造更高质量和更可持续的数字驱动型发展模式，成为各区域竞争的新的制高点。

党的十九届四中全会首次将数据作为基本生产要素上升为国家战略，明确指出"健全劳动、资本、土地、知识、技术、管理、数据等生产要素由市场评价贡献、按贡献决定报酬的机制"。党的十九届五中全会和国家"十四五"数字经济发展规划也提出，要"推动互联网、大数据、人工智能等同各产业深度融合""统筹推进大数据中心等基础设施建设"，强调要"加快数字化发展，发展数字经济，推动数字经济和实体经济深度融合，打造具有国际竞争力的数字产业集群"。党的二十大报告指出："加快发展数字经济，促进数字经济和实体经济深度融合，打造具有国际竞争力的数字产业集群。"数字中国建设迎来重大发展机遇，需要全新的治理机制和治理模式来应对数据要素作为全新生产要素的内涵特征和市场价值化逻辑。我国经济社会逐步实现数字化、信息化转型，数字经济发展正全面向产业格局、公共服务、社会治理等领域深入渗透。

与此同时，我国传统基础设施投资的边际收益不断下降，随着数字技术加速演进、数字经济蓬勃发展、数字化不断深入，以信息技术为核心的新一代数字基础设施成为我国社会经济发展的重要抓手。数字基础设施是立足当前世界科技发展前沿，打造的集"数据接入、存储、计算、管理、开发和数据使能"为一体的数字经济基础设施，通过制度和市场驱动的新技术产业化和全场景应用，催生出大量的新业态、新产品、新服务与新经济模式，已经成为全面提升区域创新体系效能、激发数字经济活力，进而推动区域创新发展和畅通国内大循环的重要引擎。

2018年中央经济工作会议中明确指出，要加快5G商用步伐，加强人工智能、工业互联网、物联网等新型数字基础设施建设，"中国新型数字基础设施建设"命题由此诞生。2020年5月，国家工业信息安全发展研究中心明确提及"数字基础设施建设"的概念，指出数字基础设施作为新基建的支柱，是指能够彰显数字经济鲜明特征的新一代信息基础设施，包括5G互联网、数据中心、人工智能、工业互联网等。2022年2月，国家领导人在《求是》发表署名文章中进一步强调要"加快新型基础设施建设，加强战略布局，加快建设高速泛在、天地一体、云网融合、智能敏捷、绿色低碳、安全可控的智能化综合性数字信息基础设施，打通经济社会发展的信息'大动脉'"。"十四五"规划和2035年远景目标纲要设立专篇对"加快数字化发展建设数字中国"做出重要部署，《国家信息化发展战略纲要》《"十四五"国家信息化规划》等相关战略规划相继出台，为数字中国建设擘画了宏伟蓝图，为信息化发展提供了良好政策环境，同时也为如何实现"中国新型数字基础设施建设高质量发展"指明了方向。据《中国互联网络发展状况统计报告》数据显示，截至2024年6月，我国域名总数为3187万个，其中国家顶级域名".CN"数量为1956万个，占域名总数的61.4%，互联网普及率达78.0%，这为完善我国数字基础设施建设、促进经济高质量发展提供了坚实支撑。

因此，在当前的数字化浪潮下，作为数字经济的基底，数字基础设施在推动经济发展、促进社会进步和改善人民生活方面发挥着重要的作用，逐步成为经济社会新一轮的产业投资发展方向，也是我国政府高度重视和关注的热点建设领域。通过构建和完善数字基础设施，促进数字经济的发展和数字化转型，对落实网络强国战略、加快建设"数字中国"、落实扩大内需战略、促进经济社会高质量发展,实现新时期战略目标具有重要意义,也是落实我国《数字中国建设整体布局规划》的必然要求。

2025年是长三角"一体化"发展上升为国家战略的第七年。长三角城市群是"一带一路"与长江经济带的重要交汇地带,在中国国家现代化建设大局和开放格局中具有举足轻重的战略地位,是中国参与国际竞争的重要平台、经济社会发展的重要引擎、长江经济带的引领者,也是中国城镇化基础最好的地区之一。然而,长三角城市群数字基础设施建设水平仍存在差异,不同地区之间的数字鸿沟和发展不平衡问题日益凸显。一方面,上海、杭州、南京等城市经济发达程度和信息技术应用水平相对较高,数字基础设施建设相对完善。另一方面,还有一些城市数字基础设施建设滞后,信息通信能力和服务水平有限。在此背景下,研究长三角城市群数字基础设施发展现状和影响因素,剖析数字鸿沟和发展不平衡问题的根源,探究数字基础设施协同发展的驱动因素和实施路径,为长三角一体化发展战略提供"基建优势",也为政府制定相关政策提供理论支持,从而更好地发挥数字基建和数字技术在促进区域经济协调发展上的作用。

1.1.2 研究意义

1. 理论意义

目前,国内外对于网络、信息等基础设施的规模测算、经济效应、对区域经济产生的影响等方面的研究相对较多,网络、信息等基础设施对促进城市群经济高质量发展的积极作用也得到了证实。但随着数字技术的持续高速发展,数字基础设施也发生了革新,其含义已经超出了以往网络、信息等基础设施的范围,原有研究难以对其含义及作用进行准确的阐释。因此，本研究在参考相关理论研究的基础上，准确界定数字基础设施的内涵，梳理出能够反映新一代数字基础设施的主要指标，将原有网络、信息等基础设施的概念范围拓展到了更具现实意义的数字基础设施范围，并据此分析长三角城市群数字基础设施的规模水平及区域差异，这对数字基础设施领域的定性研究是一个推进。此外，以城市群为研究对象，通过实证检验分析数字基础设施对城市经济韧性的作用，并探究其作用途径及影响因素，也为后续数字基础设施建设和区域协同发展的相关研究提供了一定的参考和借鉴。

2. 现实意义

从人类社会层面来看，本研究对人类认识和构建数字生态具有一定的意义。自20世纪末以来，数字技术保持高速发展态势，与此同时，数字信息的生成、采集、传输与分析也迎来了空前繁荣。由此带来了人类生活方式、社会产业结构与经济发展的巨大变化。数字化进程重塑着人类的生活环境，甚至人类文明，带领人类进入数字生态系统。数字基础设施作为数字技术发挥作用的设施支撑以及数字生态的基础组成部分之一，对其进行研究能够帮助人们更好地认识、构建数字生态，因而具有重要的现实意义。

从国家层面来看，本研究对认识长三角城市群数字基础设施发展态势、推动长三角地区数字化均衡发展具有重要意义。在国家发布的《"十四五"国家信息化规划》中，"建成全球规模最大的网络基础设施""所有地级市全面建成光网城市"被作为"十四五"时期我国信息化发展的总目标。数字基础设施作为数字技术发挥作用的设施支撑和数字生态的基础组成部分，对于有效打通"国内大循环"的不同环节，进一步缩小区域数字化水平差距，实现"数字中国"建设目标具有重要参考价值。

从区域层面来看，通过对长三角 41 个城市数字基础设施规模进行测算和差异性分析，并检验数字基础设施对城市经济的韧性效应，展示了长三角地区不同城市数字基础设施规模的发展态势，阐明了数字基础设施对经济增长、区域协同发展的促进作用，对促进数字经济健康发展，打造现代化经济体系新引擎，实现长三角区域一体化协同创新发展具有重要的意义。

1.2 推进数字基础设施发展的意义

数字基础设施的建设和发展有助于 5G 与人工智能、工业互联网、云计算、物联网、区块链等领域结合，为新技术新模式深度融合与系统创新创造了条件，能够带动社会经济效率提高、成本降低和能力提升，对于推动经济高质量发展、实现新旧动能转换、促进创新和提升国家竞争力具有重要的意义。

1. 数字基础设施建设可带动有效投资的大力投入

数字基础设施建设投入的直接目标是释放潜在的经济活力，推动区域经济增长，体现了经济发展导向。数字基础设施建设需求大、投资多、周期长，在我国促投资、稳增长、保就业中发挥着重要作用，有助于带动传统基础设施智能改造和传统产业数字化升级，进一步发挥投资乘数效应。

2. 数字基础设施建设是释放经济活力的强劲引擎

数字基础设施建设发挥着前沿布局的牵引作用，有助于促进数字产业化和产业数字化变革，培育经济新动能，推动数字经济的发展。人工智能、物联网与实体经济正在加速走向深度融合，随着数字基础设施的建设和应用，必将释放更多的经济动力和消费需求，改善经济发展结构、孕育新的经济发展动能，对实体经济产生全方位的带动作用。

3. 数字基础设施建设是实现创新驱动的有效路径

数字基础设施本质上也是生产要素之一,其创新属性和绿色属性可以赋能优化现有的生产模式,拉动新材料、新器件、新工艺和新技术的研发应用,加快促进要素资源在区域间的自由流动和重新配置。以数字基础设施建设为抓手,集中优势力量,加强科技创新,提升关键核心技术和产品的自研能力,实现关键技术自主可控,对于我国抢抓新一轮科技革命和产业变革机遇,实现创新驱动发展和新产业、新模式、新业态的形成具有重要意义。

4. 数字基础设施建设是推动高质量发展的重要支撑

数字基础设施的建设和部署,旨在打通经济社会发展的信息"大动脉",推动市政、交通、安全、环境、信息化等多个部门的集成管理,促进经济高质量发展,为提升各领域建设质量、运行效率、服务水平和管理水平提供强有力的支撑,也能够全面提升区域经济总体水平,弥补区域发展差异,优化平衡产业布局。其建设目标是构建集约高效、环境友好、绿色低碳型现代化基础设施体系,为生态文明建设、区域高质量发展等提供数字赋能。

1.3 数字基础设施发展的动力机制

数字基础设施的发展是内外动力共同作用的结果。内在动力是指事物内部产生的,对事物前进和发展起促进作用的力量;外在动力是指与事物发展有关系的外部环境和利益相关者等产生的动力。数字基础设施发展的内在动力源于技术演进和市场需求的自发驱动,外在动力则来自于政策引导和社会变革的外部推动。

1.3.1 数字基础设施发展的外在动力

1. 国家战略与政策驱动

近年来，世界各国将数字基础设施列为新基建的核心，如欧洲的"数字罗盘计划"、中国的"东数西算"战略等。在网络强国、数字中国、云网融合、数字经济等重大战略的引领下，国家和各部委相继出台了多项政策推动数字基础设施建设和升级。例如，国家互联网信息办公室发布的《数字中国发展报告》中提到的一系列数字基础设施建设和发展计划，显示了政府对数字基础设施发展的重视和支持。

2. 行业转型升级

随着新一代信息技术与经济社会深度融合，数字产品和服务加速创新迭代，数字基础设施是数字化转型的重要支撑，在数字经济时代发挥着重要作用，已经成为扩内需、稳增长、促转型的重要动力。

3. 全球经济形势和国际竞争

在全球经济增长放缓的背景下，数字基础设施的发展有助于提升国家的综合竞争力和经济韧性。通过加强数字基础设施建设，可以提升国家的创新能力和产业升级，从而在全球经济中占据更有利的地位。

4. 绿色低碳转型和可持续发展

随着全球对环境保护和可持续发展的重视，绿色低碳转型成为数字基础设施发展的重要驱动力。数字基础设施项目如新能源汽车充电桩、大数据中心的高效运行等，有助于减少碳排放，推动绿色经济发展。

1.3.2 数字基础设施发展的内在动力

1. 技术迭代与创新

数字技术的演进，特别是5G、人工智能、大数据中心、工业互联网等新一代信息技术的应用，加速了传统基础设施的数字化转型。如芯片、服务器等硬件性能的指数级增长，推动数据中心、边缘计算等基础设施升级；而云计算、人工智能、区块链等技术需要更强大的底层基础设施支持；从4G到5G/6G的演进，催生了低延迟、高宽带的网络需求，促进了光纤网络、卫星互联网等建设。这些技术的创新和应用进一步推动了数字基础设施的发展。

2. 市场需求与商业竞争

一是企业为降本增效，对云服务、物联网、大数据分析等依赖度提升，倒逼数字基础设施发展。二是消费者对实时交互（如直播、VR/AR）、无缝对接的需求，推动CDN（内容分发网络）、边缘节点等的部署。三是电商、共享经济等新模式依赖强大的支付系统，催生了物流等数字化平台基础设施的建设需求。

3. 产业投资和资本赋能

通过资本运作和产业投资，推动区域经济竞争力提升，进一步促进了数字基础设施的发展。例如，数字基础设施的边际成本递减特性（如云计算资源复用）吸引企业持续投入，形成良性循环。

综上所述，数字基础设施的发展是技术、市场、政策、社会等多维因素动态相互促进的结果。未来，随着人工智能、量子计算等突破，内在动力将更侧重技术原生需求，而地缘政治、气候危机等外在因素可能进一步重塑社会发展路径。

1.4 主要研究热点

1.4.1 基于 CiteSpace 的研究热点及趋势

1. 研究热点分析

本研究分析的中文文献来自知网（CNKI）数据库，检索条件为：主题＝"数字基础设施""数字经济＋基础设施""数字化＋基础设施"，来源类别为 CSSCI 和北大核心期刊。外文文献来源于 Web of Science 核心数据库，检索条件为：Topic＝"Digital infrastructure""Digital economy and Basic facilities" "Digital economy and Infrastructure" or "Digitization + Infrastructure"，来源类别为 SSCI。时间跨度为 2015—2024 年，对检索结果进行人工筛选，最终保留中文文献 261 篇，外文文献 593 篇。借助计量工具 CiteSpace 对样本文献进行分析。

通过关键词聚类图（图 1-1）发现国内外数字基础设施的研究热点存在较为明显的差异。国内对数字基础设施的研究热点可以归纳为三个方面，一是研究内容主要聚焦于数字基础设施的内涵与测度，涉及"数字经济""数字技术""基础设施"等；二是强调数字基础设施的发展，涉及"作用机理""数字鸿沟"等；三是关注数字基础设施的经济效应，涉及"实体经济"。国外针对数字基础设施的研究热点主要集中于以下方面，一是关注数字基础设施概念框架和相应评价指标的构建，涉及"digital infrastructure""digital transformation"；二是关注数字基础设施的影响因素和演化机制，涉及"digital economy""marketing strategies"；三是从气候变化、灾害、社区等多元视角切入研究数字基础设施韧性，涉及"digital debt""nature conservation organization""climate change"。

a）中文文献

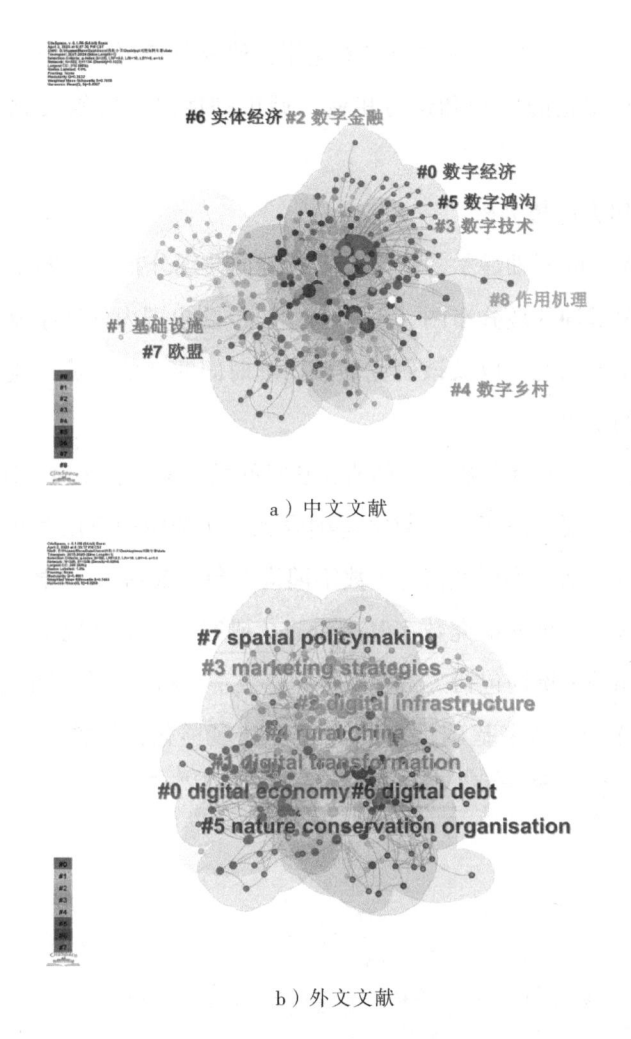

b）外文文献

图 1-1　数字基础设施关键词聚类图

综上，国内外数字基础设施研究都包括数字基础设施的概念界定、影响因素、演化机制、评估指标及提升策略等方面，但研究热点各有特点。国内数字基础设施的研究倾向于从宏观的管理和发展策略层面出发，关注数字基础设施的协同发展，探索通过综合性的发展策略和建设实践来增强数字基础设施可持续发展能力。而国外的研究则更注重理论探索和技术应用，研究范畴更多元化，涵盖了数字基础设施的内涵和运行机制、城市韧性以及气候变化应对等方面。

2. 研究趋势分析

根据按时间轴显示的中文文献关键词共现分布图（图1-2）、外文文献关键词共现分布图（图1-3），可反映出国内外数字基础设施研究的发展动态，以及该研究领域内随时间演变的主流兴趣、问题或方法的变化。

国内对于数字基础设施的研究从时间段上来看，2014—2018年，研究内容主要聚焦于探索数字基础设施在实践中的应用和价值，相关关键词包括"实体经济""数字鸿沟"等。2019年，学术研究开始多层次、多维度探究数字基础设施，研究对象上呈现了鲜明的层次性，相关关键词包括"数字技术""数字乡村""数字金融"等。2020年至今，数字基础设施的研究更加多样化，相关关键词包括"数字经济""城市群""绿色发展""元宇宙"等。

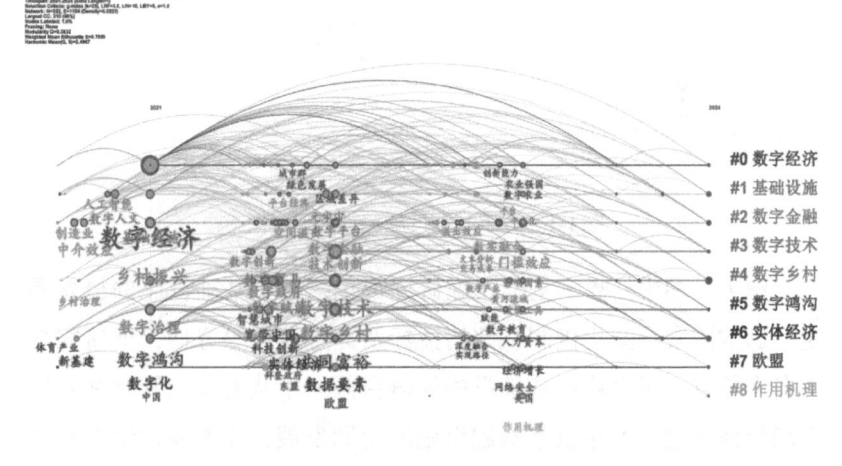

图1-2　中文文献关键词共现分布图（按时间轴显示）

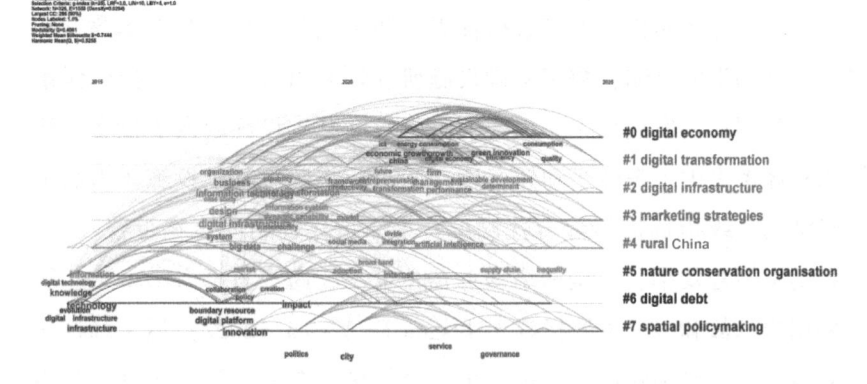

图 1-3　外文文献关键词共现分布图（按时间轴显示）

国外针对数字基础设施的研究经历了三个主要阶段：2014—2019 年为第一阶段，关注数字基础设施内涵界定以及评价框架，相关关键词包括"digital infrastructure""digital transformation""digital platform"等；2020—2022 年为第二阶段，部分学者开始研究数字基础设施发展的区域差异，相关关键词包括"supply chain""social media""artificial intelligence"等；2023 年至今为第三阶段，数字基础设施与城市群融合成为城市规划和管理领域的新趋势，相关关键词包括"smart city""sustainable development""green innovation"等。

1.4.2　数字基础设施建设水平研究

我国数字基础设施的建设经历了较长的发展过程，在一定程度上打破了时间与空间的限制，改变了居民原有的生活娱乐方式，推动了我国社会经济的长足发展。受数据可获得性的限制，不同时期的数字基础设施具有不同的表现形式。在初期研究阶段，部分学者在对数字基础设施进行衡量时，仅以单一变量邮政业务总量作为代理变量进行测度，也有学者通过 Python 软件收集我国各省市政府工作报告中的相关词频对其进行测度。

数字经济时代，大多数指标因此缺乏充分的统计数据支撑，加之数字鸿沟的影响，数字基础设施研究领域尚未有公认的指标体系来衡量测算其发展水平，大多文献将数字基础设施内嵌于数字经济指标体系之中。齐俊妍和任奕达（2022）将数字基础设施作为数字经济的一级指标进行综合性测度，具体指标选用固定宽带普及率、移动宽带普及率、安全网络服务器覆盖率、高等教育入学率、互联网用户基数和 ICT 发展指数。Musiani Francesca（2022）运用熵权法对数字基础设施建设水平进行了综合衡量。方福前等（2023）利用"宽带中国"试点政策，构建多期 DID 模型，实证分析了数字化基础设施在提高居民收入代际向上流动方面的效果。张文城等（2023）通过多维度建立指标体系并运用主成分分析法和熵值法对数字基础设施进行量化。

除了以资本存量的形式来衡量基础设施建设水平外，还有很多学者以试点政策为基础，将数字基础设施建设设定为虚拟变量，引入到回归模型当中，分析数字基础设施建设是否能够影响经济增长。张晖等（2023）以"宽带中国"战略为准自然实验，采用双重差分模型对数字基础设施建设水平展开实证研究。沈和斌等（2023）以中国 3G 网络建设为准自然实验，采用双重差分模型分析数字基础设施建设与出口产业升级之间的影响关系。温湖炜等（2022）以智慧城市为准自然实验，采用双重差分模型分析数字基础设施建设与全要素生产率的影响。颜佳等（2021）采用文献计量法对数字基础设施进行相关文献的统计分析。

1.4.3 数字基础设施建设的经济效应研究

国内学者研究中国电信基础设施、互联网发展以及基础设施建设投资对经济增长的影响,这些研究发现了初期阶段电信基础设施对经济增长的促进作用,互联网对传统产业的创造性破坏以及资源配置效率的提高,还强调了基础设施行业的供给对制造业产出的促进作用,特别是能源和交通基础设施的积极效应。然而资本效应的不确定性、通信基础设施对制造业增长的影响等问题仍需要进一步研究和分析。

不少学者从理论和实验视角分析了数字基础设施产生的经济效应。理论层面,部分学者着眼于揭示数字基础设施对经济增长、创新驱动、绿色发展等方面的促进作用,以及不同区域间的异质性效应。赵涛等(2020)提出数字基础设施能够通过动力转化、功能提升和效能提高实现经济社会高效转型。郭峰等(2020)指出,数字基础设施能够借助投资乘数效应实现区域经济快速发展。黄群慧(2021)认为,数字基础设施建设能够显著带动区域内经济的发展,共享数字化带来的发展福利,推动区域经济数字化与当地产业深度融合。冀雁龙等(2022)构建了数字化基础设施建设水平评价体系,运用三种计量模型验证了数字化基础设施建设对旅游经济增长的促进作用。

在实证层面上,施震凯等学者(2021)借助主成分分析法,通过研究表明数字基础设施建设能够显著地拉动就业;邱洋冬(2022)以"宽带中国"政策的实施作为准自然实验,研究表明数字基础设施能够推动企业生产高质量发展。还有少数学者研究了数字基础设施与新兴绿色产业之间的关系,如靳毓等(2022)基于绿色技术创新视角,通过文本分析和实证分析验证了数字化转型对绿色创新具有显著的促进作用。张辉等(2022)基于生命周期视角,研究发现数字基础设施对企业技术创新水平有提升促进作用,且数字基础设施对处于不同阶段的企业的促进作用存在差异性。Osmundsen Karen

等（2022）提出，数字基础设施可以促进产业结构优化升级，推动绿色产业发展。Lee等（2021）提出，数字基础设施可以促进知识和技术的传播与扩散，为绿色创新提供有利条件。

也有不少研究者从微观、中观以及宏观等多视角深入分析数字基础设施产生影响的机制。在宏观层面上，王海等（2023）认为数字技术发展可以增强数字化水平，并促进社会全要素生产力升级，从而推动经济社会发展；在中观发展方面，沈坤荣与史梦昱（2021）合作发现，数字基础设施可以通过供给侧结构性改革、提升生产效率以及制造业转型升级等方式推动产业深度发展；在微观视角上，郑玉（2023）采用2008—2021年上市公司的面板数据，研究得出数字基础设施能够影响研发投入的大小，以此实现企业经济的高效发展。

1.4.4 数字基础设施建设的社会效应研究

不少学者围绕数字基础设施与劳动收入、生活方式、城市绿色创新发展之间的影响展开研究。陈阳等（2022）认为"宽带中国"战略推进了数字基础设施建设进程，使得城乡区域的数字基础设施建设不断完善，从而通过互联网用户规模的不断扩大和数字经济的规模效应缩减了城乡收入差异，降低了收入不平等程度。李晓钟等（2022）进一步提出数字经济发展水平与城乡收入不平等存在倒U形的影响关系，人均收入水平、研发创新程度、对外开放水平都是城乡收入差异的影响因素。胡浩然等（2023）指出除家庭收入以外，数字基础设施建设主要是通过改善就业市场技能结构和提高工资水平，提升了企业劳动者的收入份额。裴馨等（2024）认为数字基础建设能够通过为空缺岗位匹配到合适的劳动力提高劳动力工资水平，并且在不同行业之间出现了异质性，对于信息化行业而言，数字基础设施建设对于劳动力工资水平具有显著的促进作用；但对于传统行业，数字基础设施建设具有一定的冲击作用，出现抑制其工资水平的趋势。

数字基础设施建设为许多科学技术的应用填补了基础条件的历史空白，比如在出行方式方面，共享单车正是物联网、大数据等数字技术发展的产物，同时也是数字技术改变生活的强有力例证。罗蓉等（2022）指出数字基础设施建设促进了家庭的互联网使用，丰富了家庭生活内容，拉动了家庭旅游消费，并进一步验证得出互联网使用时间与家庭旅游消费之间的倒 U 形关系，旅游信息的渠道公开、获取便捷成为其主要推动点。曹光宇等（2023）通过城市日度数据验证了共享单车减少了 PM2.5 的排放量，降低了城市空气污染程度，尤其在交通发达和京津冀城市集群中影响效果更为明显。

相比于传统基础设施，数字基础设施的网络化和开放性成为鲜明的发展特色，不少学者关注到数字基础设施建设在创新转型发展中发挥的影响作用。尹西明等（2022）实证分析了数字基础设施建设基于数据要素的"5V—5I—5W"三维属性数字化物联网。于志慧等（2023）指出数字基础设施建设能够对城市创新发展发挥显著的正向促进作用，并以长江经济带为例验证了人才质量、互联网发展、政府顶层设计是数字基础设施建设推动城市创新的影响机制。孙倩倩等（2023）认为数字基础设施建设能够通过知识溢出和信息扩散增加专利数量，提升城市创新水平。王阳等（2023）发现数字基础设施建设在推动工业绿色创新发展中具有空间溢出效应。李治国等（2023）认为数字基础设施建设能够通过经济集聚推动包容性绿色发展，表现出先抑制后促进的影响作用。

1.4.5　数字基础设施的区域差异研究

随着我国数字基础设施的大力发展，部分学者分别从经济高质量发展、产业升级、科技创新和包容性发展等方面讨论了数字基础设施区域差异的影响因素。从经济高质量发展角度，郭朝先等（2020）研究了"新基建"对中国经济高质量发展的路径，指出"新基建"具有新技术、新高度、新领域等特征，并提出三个赋能途径：作为固定资产投资行为带动经济增长，作为现代基础设施支持数字化转型，作为数字化平台推动产业融合发展。范合君和吴婷（2022）指出新型数字基础设施正日益成为推动经济发展的重要引擎，数字化能力在其中扮演着中介角色，而数字化人才的数量更是至关重要，数字化能力的提升使得企业和组织能够更高效地运营和管理，从而提高生产力和竞争力，数字化能力的增强也为创新和创业提供了更广阔的空间，促进了新兴产业的蓬勃发展。赵树宽等（2025）认为数字基础设施建设通过改善区域资本、劳动要素的资源错配，显著提升了区域创新资源配置效率，其对区域资本要素错配的改善作用尤为显著。

从产业升级角度，李斯林等（2023）根据2013—2020年30个省份的数据实证研究得出数字基础设施建设水平显著推动地区产业升级，尤其在中部地区，数字基础设施的发展不仅极大影响着地区产业升级，还能缓解"鲍莫尔成本病"并提升产业生产率。王琴等（2025）研究认为财政支出水平、市场化程度、城市化水平、产业结构和利用外资等因素对新型和传统基础设施建设的耦合协调水平产生了显著影响。Du（2022）探究得到信息网络基础设施的发展可以显著提升高技术产业的创新效率，促进技术知识在不同地区的扩散，同时也对农村地区的创新产生了积极影响，这些效应有助于缩小地区间的技术差距，促进技术创新的全面发展，进而推动经济的可持续增长。赵春明等（2024）认为数字基础设施的产业链、供应链韧性提升效应具有空间非均衡性，东部地区数字基础设施建设的产业链、供应链韧性提升效应更明显。

从科技创新和包容性发展等角度，焦豪等（2023）指出数字基础设施建设对于提升城市对高技能流动人口创业者的吸引力具有显著作用，为数字化基础设施的完善提供了更便利的创业环境，使创业者更愿意选择在这样的城市开展创业活动，为创业者提供了更便捷的信息获取和交流渠道，以及更高效的创业资源，增强了创业者的信心和动力。金海燕等（2025）发现网络基础设施存在明显的空间差异，中西部地区的网络基础设施建设较东部地区而言较为薄弱，且网络基础设施存在显著的正向溢出效应。沈珊珊等（2025）指出地理位置和交通基础设施条件在中国区域经济发展差距中的重要性，通过发展交通基础设施，可以促进省际与外界的联系，从而推动经济增长。林建鹏等（2021）运用因子分析法，从经济发展水平、区域差异和非均衡性等方面对中国城市市政基础设施水平的影响因子进行了分析。

1.4.6 研究述评

通过对大量相关文献的归纳整理，发现目前国内和国外的学者已经就数字基础设施的发展情况做出了很多探索，但是仍然有不断拓展和优化的空间。随着我国对城市群区域经济发展重视程度的不断提升以及数字经济的大力发展，目前长三角城市群的数字经济已进入了一个新阶段，数字基础设施建设在这一过程中发挥着至关重要的作用。通过对现有文献的梳理和总结，可以发现以下几点：

一是在构建数字基础设施建设指标体系方面，国内相关研究起步较晚，目前的研究仍处于探索阶段，在指标体系构建和测度方法选择上尚未形成共识，需要进一步探索和完善。这表明该领域的研究仍有广阔的发展前景，需要学者们持续深入探讨。

二是大多数研究主要集中在探讨数字基础设施对经济增长的促进作用，将数字基础设施建设视为一个综合指数进行实证分析，仅考虑其中某单一指标、维度或某一类数字基础设施对创新的作用，未能全面考量数字基础设施建设的多维度影响。

三是对于中国数字基础设施建设水平的空间差异研究仍停留在东中西部地区之间存在的差异层面，研究重点主要集中在省域经济、各个门类产业发展以及中小微企业主体，鲜见针对城市群的数字基础设施建设开展研究。根据已有研究，对于中国数字基础设施的探讨主要集中在国家层面，或者仅以部分主要城市为研究对象，缺少能够充分反映中国城市群数字基础设施发展水平的指标。

第2章 数字基础设施概述

作为新型基础设施建设的核心内容，数字基础设施是新发展阶段的时代产物，涵盖5G互联网、数据中心、人工智能、工业互联网等领域，由核心层、外延层和辐射层三个层级组成。数字基础设施既包括传统基础设施特征，也包含数字信息技术数字化、信息化、智能化等虚拟属性，具有快速迭代、泛在支撑、融合创新、智能引领、安全至上等内在特点，是促生经济新动能和推动传统实体经济数字化转型的关键条件。

2.1 数字基础设施的内涵

2.1.1 数字基础设施的概念

要了解什么是数字基础设施，首先要对基础设施进行界定。基础设施是经济社会现代化发展的重要标志，在区域发展中能够发挥其应有的环境效益、经济效益，对经济社会稳定运行具有重要支撑作用，是经济社会赖以生存发展的物质基础。在早期研究中，基础设施主要是指为保障某国家或地区的区域经济活动、社会生产活动及居民日常生活有序开展而建立的公共服务体系，是经济社会赖以生存发展的物质基础，可将其分为经济基础设施和社会基础设施。其中，经济基础设施直接参与生产过程，有利于刺激经济加速增长，主要以电力、供水、城市建设与交通运输为典型代表，而社会基设施则更强调维护居民的基本生活需求，以实现社会长足发展的目的，主要以文化教育与医疗卫生为代表。面对全球经济由工业带动型转向数字经济型的发展趋势，基础设施的概念内涵及外延也在不断拓展深入和动态演化。

在数字经济时代，以互联网、大数据、云计算及人工智能为核心的新一代信息技术与经济社会生产生活方式快速融合，其带来的"数字机遇"为传统基础设施建设开启了数字化、信息化、智能化的转型之路，即新型基础设施建设（简称"新基建"）。相对于传统基建，"新基建"的概念于近几年兴起，是以信息网络为基础，为经济高质量发展提供数字化转型、智能化升级、创新化融合等服务。"新基建"包括三个组成部分：信息基础设施、整合基础设施和创新基础设施。其中，信息基础设施是基础，整合基础设施是核心，创新基础设施是保证。

数字基础设施建设作为"新基建"领域的核心内容和重要组成，是数字经济发展的源头基础和重要依托，其核心要义即体现在"数字化"方面。早期学者对数字基础设施的定义偏向于通信信息、网络电信等。里茂（Limão）认为，信息基础设施是指与通信、光缆传输相关的网络基础设施。奥斯蒙森（Osmundsen）等人认为，数字基础设施是信息基础设施经创新发展而来的。

就现有研究来看，对数字基础设施的定义很多，但尚未形成一致性共识。郭朝先（2020）认为数字基础设施是新型基础设施建设的核心内容和重要组成部分，也是数字经济发展的源头基础和重要依托所在。邓丽等（2025）将数字基础设施细分为三个层面，即5G、工业互联网等数字基础设施；人工智能、区块链等新技术基础设施；数据中心等数字基础设施。邓慧慧等（2022）、江亚美等（2025）认为数字基础设施是以5G网络、卫星互联网等设施为基础，利用云数据中心、人工智能等技术，旨在实现软硬件层面的数字化转型与应用。

2013年8月，国务院发布"宽带中国"战略规划，宽带第一次成为国家战略性基础设施。2018年12月，中央经济工作会议第一次正式提出"新基建"架构类别，明确提出加快5G商用速度，积极构建人工智能、工业互联网、大数据等新型基础设施的要求。由中国信通院和华为联合从微观企业数字化转型视角出发，发布《数据基础设施白皮书2019》，认为数据基础设施"是传统IT基础设施的延伸，以数据为中心，服务于数据，以最大化数据价值，涵盖数据接入、存储、计算、管理和使能五个领域，提供'采—存—算—管—用'全生命周期的支撑能力"。国家工业信息安全发展研究中心的观点认为，数字基础设施是以数据创新为驱动、通信网络为基础、数据算力设施为核心、能够体现数字经济特征的新一代公共基础设施建设，包括5G基站建设、特高压、大数据中心、城际高速铁路和城市轨道交通、新能源汽车充电桩、人工智能、工业互联网等七个领域。这些基础设施涵盖多个领域和技术，是数字经济的重要组成部分与"新基建"的核心中枢，为数字经济提供了必要的技术支持和资源保障，使得各种数字化应用能够高效、稳定地运行，为中国经济社会供给侧结构性改革和数字化转型提供了动力支撑和创新动能，是助力未来经济高质量增长的重要战略基石。

综上所述，根据数字基础设施建设的发展及相关学者的讨论，数字基础设施可以被定义为立足当前世界科技发展前沿，以新一代数字技术为依托，通过制度和市场驱动的新技术产业化和全场景应用，催生新业态、新产品、新服务与新经济模式，其实质是反映数字经济主要特征的新一代信息基础设施。它是涵盖了5G网络、数据中心、人工智能、工业互联网等多个前沿领域，由数据创新驱动，以通信网络为基础,以数据计算为中心的基础设施系统。

2.1.2 数字基础设施的应用场景

数字基础设施是数据收集、交换、存储、处理、传输和应用的先决条件,也是增强数字技术潜力、实现数字转型升级的重要保障。数字基础设施的发展关键在于5G网络设施的完善和应用,"宽带中国"等政策措施有力推动了网络设施的落实。从场景角度看,数字基础设施是由核心层、外延层和辐射层三个层级组成,如图2-1所示。

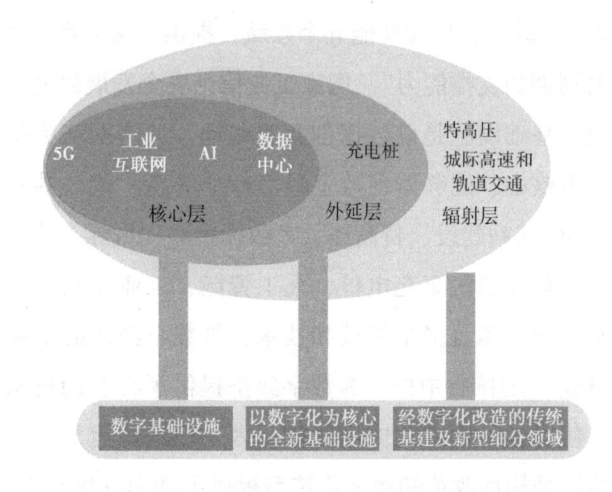

图 2-1　数字基础设施的应用场景

核心层包括5G、工业互联网、AI、数据中心等数字基础设施,是支撑数字经济和社会发展的基石。这些基础设施为数据的高速传输、存储和处理提供了必要条件,促进了各行各业的数字化转型。

外延层是基于数字基础设施衍生出的新兴领域配套基础设施,涵盖了以数字化为核心的全新基础设施,具体包括服务于新能源产业的充电桩、加氢站，用于自动驾驶的 CMOS、激光雷达等传感器，以及用于智能制造的仿真软件、自动化机器人等。这些基础设施的建设和运营，推动了产业的升级和新兴业态的发展，增强了经济的活力和韧性。

辐射层是指经数字化、智能化改造的传统基础设施，或为弥补传统基础设施短板而生的新型细分领域，具体包括传统基建中桥梁、边坡等场景的数字化施工建设与后续运维，以及整体城市的智慧升级，还包括电力电网场景的系统数字化升级等。通过数字技术的应用，这些传统基础设施实现了智能化升级，提高了运行效率和服务质量。例如，智慧城市建设通过数据共享和智能管理，提升了城市治理和服务水平。

2.2 数字基础设施的分类

从外延角度看，数字基础设施是数字经济发展的应用载体，数字经济的发展场景都体现在数字基础设施上。从形成方式来看，数字基础设施主要是基于 5G、数据中心、云计算、人工智能、物联网、区块链等新一代信息通信技术的数字化驱动和转型赋能，以信息网络为基础，演化升级而形成的数字平台和综合集成体。从技术应用来看，数字基础设施主要表现对交通、能源、生态、工业等传统基础设施的智能化改造、数字化转型，其可以构建以信息化、智能化、数字化为核心的全新生产范式及创新应用体系，有利于提升实体经济实力。从本质属性来看，数字基础设施除了基础性、公共性和外部性等传统基础设施所具备的特点外，还具有技术迭代更新快、投资需求持续旺盛、安全性能可靠、创新体系建设等特点。

2.2.1 按照功能与技术特性划分

根据《城市数字公共基础设施标准体系》，从功能与技术特性的角度，可以将数字基础设施划分为网络基础设施、算力基础设施、感知基础设施和融合基础设施，如图2-2所示。

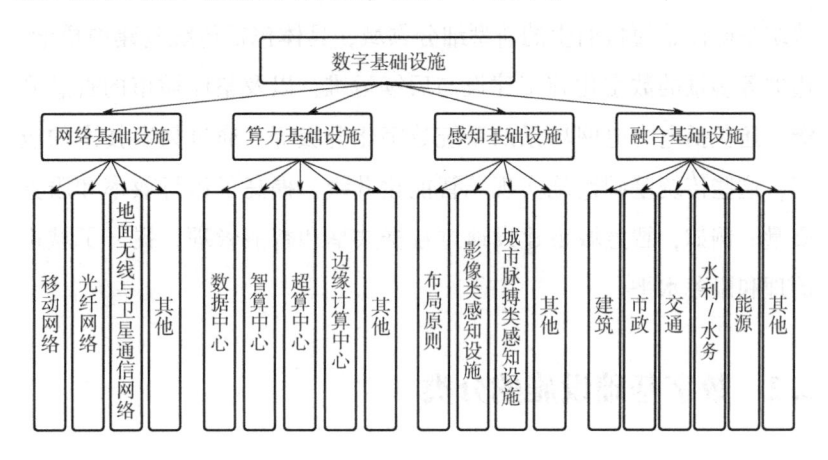

图2-2 按功能与技术特性划分

网络基础设施包括移动网络、光纤网络、地面无线与卫星通信网络和其他共四类。网络系统提供了数据传输和信息交换的基础，支持海量数据的实时流通以及物联网设备的广泛应用。特别是在城市的各个区域，要求构建高速、低延迟的网络，以保证数字城市应用的顺利运行，并保障网络安全，防止数据泄露或网络攻击。

算力基础设施包括数据中心、智算中心、超算中心、边缘计算中心和其他五个子类。这些算力资源能够支持海量数据的存储、处理与分析，并提供实时决策支持。数据中心需要具备高效能、低能耗的特点，保证在满足计算需求的同时，推动绿色计算与可持续发展。边缘计算的应用可以提高数据处理的时效性，减少延迟，并通过分布式计算资源更好地服务于城市中的各类应用。

感知基础设施包括布局原则、影像类感知设施、城市脉搏类感知设施和其他四个子类。通过部署各种传感器、摄像头等设备，数字城市能够监控交通、环境、能源使用等多方面的信息。感知技术不仅提升了城市的安全性，还为城市管理提供了基础数据支持，推动城市管理向智能化、自动化转型。

融合基础设施包括建筑、市政、交通、水利/水务、能源和其他六个子类。融合技术强调不同基础设施之间的协同工作。数字城市通过数据共享平台将不同领域的数据进行融合，打破信息孤岛，提升资源利用效率。这一方面包括智慧交通与安全系统、能源管理与环保监测系统的融合，通过智能决策支持平台进行实时数据分析与决策，优化城市资源的分配与管理。融合技术确保了城市各项系统的协同高效运作，推动数字城市的智能化发展。

2.2.2 按照基础设施性质划分

从基础设施性质的角度，可以把数字基础设施分为新型信息基础设施和经数字化改造的部分传统物理基础设施，如图 2-3 所示。

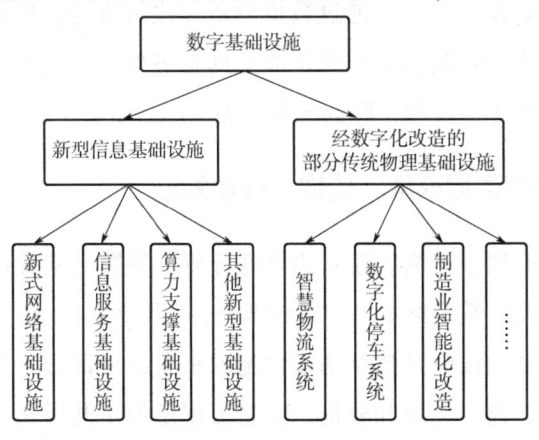

图 2-3 按基础设施性质划分

具体来说，新型信息基础设施主要包括四类：一是以网络通信、数据传输设施、5G/6G基站为代表的新式网络基础设施，是支持现代城市各项数字化应用的核心网络架构。二是以云计算平台、大数据中心和工业互联网、物联网平台等为代表的信息服务基础设施，支撑着大数据处理、人工智能应用、互联网服务等各类需求。三是依托人工智能和技术架构，致力于为各类人工智能应用提供强大算力支持、数据服务及算法服务的超级计算中心等算力支撑基础设施。四是用于满足社会治理、公共服务中信息化应用的其他新型基础设施。

经数字化改造的部分传统物理基础设施是在原有传统基础设施的基础上，通过利用互联网、数据计算等数字化技术，对现有设施进行功能升级和改造。这样的数字化改造不仅提升了传统设施的运营效率，还为城市发展带来了新的活力。例如，智慧物流系统的构建，是在传统物流系统的基础上，通过数字化手段提升物流运输的效率和智能化水平；数字化停车系统则通过传感器、数据采集等技术，将停车管理数字化，提升停车资源的利用率；城市大脑作为集成城市运行数据的平台，通过数据分析和决策支持，提高了城市管理的智能化水平；制造业智能化改造则是将数字化技术应用于传统制造业，优化生产流程、降低成本并提高产品质量。

2.2.3 按照数据获取、传输、存储划分

从数据获取、传输、存储的角度分析，将数字基础设施划分为云服务、网络、数字终端三个组成部分，如图2-4所示。

云服务基础设施是数字基础设施的重要组成部分，主要用于对海量数据的存储、处理和分析。随着数据量的不断增长，云服务平台成为了数字经济的核心支撑之一。云服务基础设施包括大数据中

第2章 数字基础设施概述

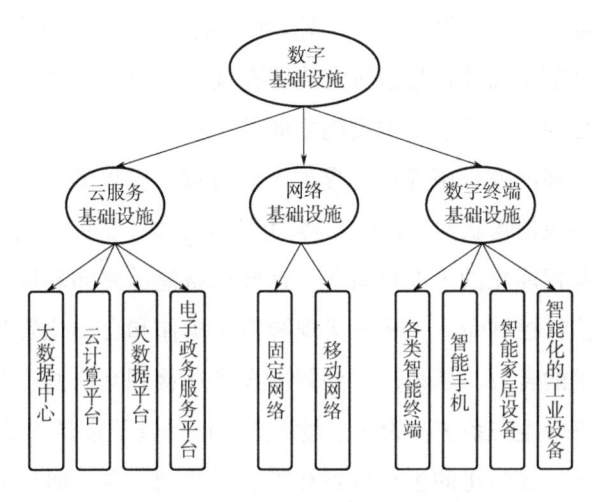

```
                    数字
                  基础设施
         ┌──────────┼──────────┐
       云服务      网络       数字终端
      基础设施    基础设施     基础设施
     ┌──┼──┐    ┌──┐    ┌──┬──┬──┐
    大  云  电   固  移   各  智  智  智
    数  计  子   定  动   类  能  能  能
    据  算  政   网  网   智  手  家  化
    中  平  务   络  络   能  机  居  的
    心  台  服             终      设  工
            务             端      备  业
            平                         设
            台                         备
```

图2-4　按数据获取、传输、存储划分

心、云计算平台、大数据平台、电子政务服务平台等。这些平台提供高效的计算能力和大规模的存储空间，能够支持各类数据分析、信息处理和应用开发。在云平台上，企业和政府可以实现数据的高效存储、灵活调度、实时分析，并推动各类数字应用的落地和实施。尤其在智能化和人工智能领域，云服务为数据的深度学习和复杂计算提供了强大的算力支持，助力数字经济的发展。

网络基础设施是数字基础设施的核心之一，主要用于支持数据的传输和交换。网络基础设施包括固定网络和移动网络，是数字城市和数字经济的通信骨架。网络基础设施的发展水平直接影响到数据流通的效率和质量。网络基础设施的关键指标包括网络覆盖率和网络传输速率。网络覆盖率反映了固定宽带和移动网络设施的覆盖范围，说明网络服务能够覆盖到哪些区域，体现了网络技术对社会的惠及程度。网络传输速率则是指网络设施在数据传输过程中的速度，高速的网络技术能够大幅提升数据的传输效率，支持大数据、高清视频、实时通信等应用。随着5G和光纤技术的发展，网络传输速率不断提升，为更加复杂的数据交换和信息处理提供了基础保障。

数字终端基础设施是指所有能够在线获取数据信息的各类终端设备，它是用户与数字基础设施之间的连接媒介。数字终端设备通过与云平台和网络设施连接，提供人们与数字世界的交互界面。数字终端设备包括物联网（IoT）的各类智能终端、智能手机、智能家居设备以及智能化的工业设备等。这些设备能够感知环境信息、采集数据、执行控制命令，从而实现智能化操作和自动化管理。随着物联网技术的普及，越来越多的智能设备连接到互联网，形成了庞大的数字终端生态系统，为数字经济的运行提供了重要的基础支持。在工业领域，智能化的生产设备和工业互联网平台，通过数字终端设备进行远程监控、数据分析和优化生产流程，提升了制造业的智能化水平。

综上所述，云服务、网络和数字终端共同构成了数字基础设施的三大支柱。云服务提供了强大的数据存储、处理和分析能力，网络基础设施确保了数据的高效传输，而数字终端则为用户提供了与数字世界交互的渠道。三者相互协作，共同推动了数字经济和智能城市的发展，确保了信息流通的高效性与数据的即时获取，为数字化转型和创新提供了坚实的基础。

2.3 数字基础设施的基本特征

世界银行（1995）将基础设施划分为经济基础设施和社会基础设施两部分，并认为经济基础设施是"永久性工程构筑、设备、设施和它们所提供的为居民所用和用于经济生产的服务"。数字基础设施对社会生产和经济增长有直接的作用关系，属于经济基础设施一类。因此，数字基础设施也属于公共物品，有着公共物品共有的特点：一是具有非排他性和非竞争性。数字基础设施建设作为政府为实现自己的经济社会目标而采取的介入手段，它的最终作用是服务于整个社会的经济活动，人们对数字基础设施的使用权是平等的。二是以政府为供给主体。数字基础设施的建设要依赖政府的直接的资金支持，并且需要政府合理引导市场和社会组织对数字基础设施的投资建设。

数字基础设施伴随着生产制造的底层技术不断迭代，不仅具有传统基础设施的公共性、基础性等特征，而且具有快速迭代、泛在支撑、融合创新、智能引领、安全至上等内在特点，是促生经济新动能和推动传统实体经济数字化转型的关键条件。具体包括：

（1）技术依赖性更强

数字基础设施建设紧跟技术发展的前沿，融合了新一代信息技术，如人工智能、5G、区块链等，在推动人、机、物的数字化、网络化、智能化过程中发挥了重要作用，因此对技术有着更强的依赖性。随着技术不断创新、标准不断提升，衍生出新的内容和形式，呈现持续快速迭代升级的趋势，这使得数字基础设施对数字技术进步更加敏感。与其他基础设施相比，数字基础设施的建设更需要先进技术的加持，它的先进性以及高科技含量水平也是其他基础设施领域无法比拟的，不论哪种类型的数字基础设施，都必须利用相关的数字技术，因此技术领域的进步能够快速地引起数字基础设施的更新。

以通信基础设施为例，它的发展水平依赖于通信技术的发展水平，最新的5G通信技术的应用，首先就带来了信息通信基础设施的更新，使信息传输速率较之前大幅提高。数字基础设施对技术的这种依赖性和敏感性，再加上数字技术更新速度之快，使得数字基础设施的建设对高技术产业有更高的要求。因此，数字基础设施的供给与高技术产业的发展水平密切相关,并且会更依赖于多元化的投资主体,政府除承担数字基础设施供给的主体责任外,更需要引导市场和社会的力量共同参与和合作治理。

(2) 作用对象非实体

数字时代最大的特点之一就是将"数据"作为一种重要的生产要素,从整体网络中某一节点到达另一节点的便利程度更高,生产要素流动不易受空间距离影响,网络节点之间即可实现信息、知识要素的充分便捷流动。随着数字化的不断深入,经济社会迎来了数据量爆炸增长的时期,数据中所蕴藏的价值也逐渐显露出来,引起了社会各界的重视。大量的数据意味着大量潜在价值,对一个国家来说,数据资源价值的挖掘和利用水平成为决胜数字化变革的关键因素。

因此,数字基础设施作为数字时代的重要物质基础,其重要功能之一就是对数据进行采集、传输、存储和分析。由于数据是一种虚拟物质,对其进行存储、分析及利用的基础设施也是虚拟存在的,这使得数字基础设施相比于其他实体基础设施具有非实体的特性。这种非实体数字基础设施主要体现在政府为实现数据价值利用而打造的数据资源开放共享环境,以及对数据进行云端分析处理的高科技设施。

(3) 网络外部效应更明显

数字基础设施支撑信息、数据要素的充分流动,形成了知识集聚与经济集聚的规模优势,不仅有助于本区域的创新能力提升,更有利于带动周边地区的经济良性发展,具有显著的网络外部效应。数字基础设施作为数据获取、传输、存储及分析的载体,使用者越多,所获取的数据信息量越大,其网络外部价值越大。这一点在其他基础设施中往往表现为外部负效应,例如对交通基础设施来说,使用者越多越易导致交通拥堵。

此外，通过加强数字基础设施投资，推动产业数字化转型与产业互联网发展，将进一步促进交通、医疗、金融、制造业等领域在生产、分配、交换、消费等多个环节实现生产方式和商业模式革新，提高技术创新能力与效率，扩大就业规模，为国家未来经济社会建设提供稳定保障。比如，"东数西算"工程是中国关于数字基建领域的重大战略布局，加快落实"东数西算"战略有利于提升国家整体算力水平，实现经济的高质量发展。

（4）主体间相互作用更紧密

数字基础设施建设需要各利益相关方的协同参与，包括政府、企业、社区等，共同推进数字基础设施的规划、建设和应用。数据在数字时代的突出地位，使得数据的主要供给主体——消费者在现今有了新的定位。在数字经济时代，消费者通过进行消费活动能够为经济社会提供源源不断的数据，而利用这些数据又能够帮助生产者转变生产模式、提高生产效率。基于此，传统消费者正逐渐向"产消者"的身份转变，消费者作为数据提供者越来越多地参与到了生产活动过程中，生产者和消费者的界限不再那么明确。人与人、人与物、物与物的相互连接，让消费者与数字基础设施之间的相互作用更加紧密，从而使消费者的经济能力将能够从需求方面对数字基础设施的发展水平产生更大的影响。

（5）应用领域更广泛

数字基础设施不仅包括物理层面的网络基础设施，如光缆、通信设备等，还包括数字技术的应用层面，如智能家居设备、二维码等日常生活中的数字化应用。此外，数字基础设施应用涉及诸多与国民经济、生产生活密切相关的重要领域，如通信、能源、交通、金融、物流等，具有基础性、战略性、支撑性和融合性的特点，已广泛渗透到社会生活的各个领域。数字基础设施的建设不仅能够促进信息资源的共享和开放利用，还能推动信息技术与传统行业的融合创新，为经济社会发展注入新的动力。随着大数据、云计算、物联网等新兴技术的不断涌现，数字基础设施正在成为支撑国家治理体系和治理能力现代化的重要基石。

2.4 数字基础设施、新型基础设施、传统基础设施的对比分析

作为新型基础设施建设的核心内容，数字基础设施是新发展阶段的时代产物，既包括传统基础设施特征，也包含数字信息技术数字化、信息化、智能化等虚拟属性。从三者之间的关系来看，数字基础设施是新型基础设施的支柱，经过数字化改造的传统基础设施也属于新型基础设施的范畴，而数字基础设施和传统基础设施在新型基础设施的外延层、辐射层可能会有所重叠，从而形成相互补充与促进的作用，如图 2-5 所示。

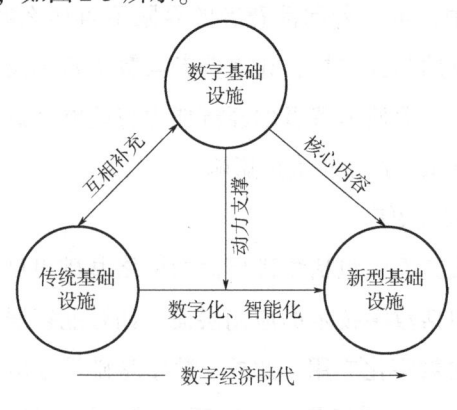

图 2-5 三者之间的关系图

2.4.1 数字基础设施与传统基础设施对比

在定义和范围方面，数字基础设施主要聚焦在"数字"一词上面。数字基础设施是以信息网络为基础、大数据发展为内核的基础设施，而传统基础设施主要指的是以"铁公基"——铁路、公路、机场、港口、桥梁、水利等为主的交通基础设施，并且其主要建设对象是物理世界中的基础设施。

从产生节点来看，传统基础设施是工业经济的产物，而数字基础设施产生于数字经济发展之中。第一次产业技术革命于1771年在英国产生，以水道和收费公路的基础设施开始修建为标志。1829年火箭号蒸汽机车的实验成功揭开了第二次产业技术革命的序幕，由此以铁路、大型港口为主的传统基建也大行其道。而之后的几次产业技术革命都推动了传统基建的发展。目前正面临着新一轮的产业变革，数字基础设施则在新的时代背景下依托数字经济发展而产生。

从价值渠道来分析，数字基础设施建设与传统基础设施在价值传导方面也存在巨大差别。传统"铁公基"主要通过大力兴建基础设施来降低交易成本，促进投资增加就业，从而实现生产效率的提高，其价值传导是通过基建投资连接产业发展。以信息和知识为载体的数字基础设施的重要价值主要是为主体"赋能"，即为主体提供智力支持和科学决策支撑。数字基础设施建设不仅在网上交易、远程办公、远程教育等多个场景之下发挥重要作用，还在中小企业技术创新、智慧城市建设、劳动力就业场景等多方面发挥不可小觑的作用。

2.4.2 数字基础设施与新型基础设施对比

从定义和范围看，数字基础设施主要包括高速宽带网络、数据中心等，旨在提供高速、稳定的网络连接和数据存储服务。其核心是确保信息的快速传输和存储，支持各种在线服务和应用。而新型基础设施则涵盖了更广泛的领域，包括5G网络、人工智能、大数据中心、工业互联网等。新型基础设施不仅包括传统的数字基础设施，还扩展到了支持新兴技术和应用的领域，如人工智能和大数据处理。

从应用场景来看，数字基础设施广泛应用于各种在线服务和应用，如云计算、电子商务、远程教育、远程医疗等。它为这些服务提供了稳定、高速的网络连接和数据存储，确保了各种在线活动的顺利进行。而新型基础设施则更多地应用于智能制造、智慧城市、自动驾驶、远程控制等前沿领域。这些技术需要更高的计算能力、更快的网络速度和更强大的数据处理能力，新型基础设施正好满足了这些需求，推动了相关技术的快速发展和应用。

第3章　数字基础设施的理论基础

在新一代信息通信技术蓬勃发展、数据逐渐成为生产生活必备要素、数字化即将成为未来人物交互的重要形态的背景下，数字经济迅猛发展，为全球经济发展注入了新的动能，也逐渐成为我国经济高质量发展的增长点，数字经济带动高质量发展离不开数字基础设施的支撑。在数字化经济浪潮下，数字基础设施在促进经济增长、实现可持续发展、推动技术创新和变革、产生空间溢出效应、提高城市经济韧性等方面的作用不容忽视。

3.1　经济增长相关理论

3.1.1　古典增长理论

古典增长理论最具代表性的经济学家包括亚当·斯密（Adam Smith）、大卫·李嘉图（David Richao）和汤姆斯·马尔萨斯（Thomas Malthus）等，他们主要强调生产率改进和资本积累对经济增长的影响。1776年，亚当·斯密在其著作《国富论》中提出了著名的"劳动分工论"与"资本积累论"。他认为提高劳动效率和增加劳动数量可以推动经济的增长，而在这两种推动途径中提高劳动效率对经济增长的促进作用更加明显。此外，亚当·斯密指出分工的程度和资本积累的数量是提高劳动效率的决定因素，合理的分工可以提高劳动者的熟练度，减少因工作转换而造成的损失，从而提高劳动效率并促进经济增长。资本积累可以扩大资本存量，增加劳动数量，进而推动经济增长。

1817年，大卫·李嘉图在《政治经济学及赋税原理》一书中继承并拓展了亚当·斯密的理论，从收入分配的视角分析经济增长。李嘉图认为缺乏资本积累的保障，经济的持续增长是无法实现的，而资本积累的速度和程度取决于利润，工资和地租又是影响利润的关键因素。1978年，汤姆斯·马尔萨斯在《人口论》中讨论了人口增长与经济发展的关系，指出人口增长遵循几何级数，而生活资料却以算术级数展开，这意味着人口增长速度不应超过经济增长速度，否则将落入"马尔萨斯陷阱"。古典增长理论在分析经济增长的过程中，注意到了自然资源的稀缺性，也关注了劳动分工、资本积累、收入分配与人口增速等因素对经济增长的贡献，但对经济增长的可持续性持悲观态度，也忽视了技术进步在经济发展中的重要作用。

数字基础设施作为现代"资本"，打破了地理限制，通过降低信息成本、促进技术扩散，催生全球价值链分工，成为数字时代生产率提升的基础。数字基础设施具有非排他性、部分非竞争性，政府投资或政策引导对弥补市场失灵至关重要。另外，数字基础设施还具有显著的网络效应，用户越多价值越大，这种正外部性与古典增长理论中市场扩张带来的收益递增逻辑一脉相承。

3.1.2 新古典增长理论

19世纪后期，随着欧洲工业革命的不断深入，科学技术实现了空前发展，新古典增长理论的研究序幕由此拉开。这个阶段的主要代表性学者有马歇尔（Marshall）、约瑟夫·熊彼特（Joseph Schumpeter）、哈德罗（Harrod. R）和多马（Domar E）、索洛（Solow）和斯旺（Swan）等，他们将经济增长的源泉分为两种，一种是因要素的数量增加而导致经济增长，另一种则是由于技术的进步而产生"增长效应"，后者被他们称为"水平效应"，即在要素数量不变的情况下，技术进步会提高全要素生产率，进而实现经济增长。

1890年，马歇尔在《经济学原理》中指出助力经济增长的动因除了劳动、资本之外，生产技术进步也同样发挥重要作用，但该理论并未涉及生产率的研究，且仍然认为经济增长不可持续。1956年，索洛和斯旺先后发布了《对经济增长理论的一个贡献》《经济增长和资本积累》等著作，创立了新古典经济增长理论，创造性地将技术要素引入到柯布—道格拉斯生产函数中，建立了新古典经济增长理论的数理模型。

3.1.3 内生增长理论

内生增长理论也被称为新经济增长理论，代表性学者包括阿罗（Kenneth J. Arrow）、罗默（M. Romer）和卢卡斯（Robert E. Lucas）等，他们推翻了新古典经济增长理论中技术外生与规模报酬不变的原假设，将技术变量内生化，并将知识和人力资本变量加入模型中，认为规模收益递增和内生技术进步才是决定经济稳定增长的关键因素。1962年，阿罗在《干中学的经济含义》一文中构建了首个内生增长模型，提出了"干中学"与"知识外溢"两个假设，认为企业在生产经营过程中，其内生的经验积累会一定程度上提高劳动生产率，有利于利润增长。

1986年，罗默在阿罗的研究基础上创建了"知识溢出模型"，其《收益递增与长期增长》一文中明确指出经济增长的驱动因素包括资本、新知识、人力资源和非技术性劳动等，其中，新知识作为经济增长的核心要素，具有外溢性特征，能够促进收益的边际递增。换言之，技术进步是知识不断积累的结果，知识积累才是推动经济增长的原动力，并且知识不会被完全保密和专利化，知识可以无限积累，从而经济也将会持续增长。1988年，卢卡斯延续了罗默思想，发表了《论经济发展的机制》一文，强调人力资本对经济增长的促进作用。他指出人力资本积累是经济稳定增长的根源，如果人力资本不存在外部性，经济甚至会以更快的速度增长。

综合来看，内生增长理论认识到了经济增长并不依赖于外力推动，内生的技术或知识才是实现经济长期增长的重要因素，但该理论忽视了经济制度与个人偏好对经济增长的影响，这也一定程度上影响了内生增长理论在当今世界的普适性。根据内生增长理论，各城市之间都将以智慧、互通、互联的新形态展开生产生活，为高新技术的应用提供了广阔的应用领域，也激发了技术进一步创新。数字基础设施建设与科学技术创新相互影响、相互促进。基础设施具有强烈的正外部性和明显的网络效应，能够通过提高全要素生产率、降低企业成本、提高交易效率，长期刺激经济增长。

3.1.4 绿色增长理论

21世纪以来，随着经济全球化不断推进，资源与环境等共性问题日益凸显。"先污染、后治理"的经济增长模式已不再适应时代需求，以绿色增长为主题的可持续发展理念逐渐成为国际共识。绿色增长理论涉及相关概念较多，包括可持续发展、绿色经济与绿色发展等。2005年，联合国亚太经社理事会（UNESCAP）首次提出"绿色增长"理念，认为绿色增长是低碳、环保的可持续发展模式。2011年，亚太经合组织（OECD）对绿色增长做出权威阐释，认定绿色增长是确保自然资源能够继续为人类福祉提供服务的前提下，促进经济增长。自此之后，中国也制定了一系列以"绿色发展"为主题的经济增长战略，确保"两山论""双碳目标"等顺利实现。

综合来看,绿色增长是一种"追求经济增长和发展,同时又防止环境恶化、生物多样性丧失和不可持续地利用自然资源"的增长方式,强调经济和环境的协调发展,还强调通过"改变消费和生产模式完善社会福利、改善人类健康状况、增加就业并解决与此相关的资源分配问题"。绿色增长理论的核心是通过技术创新、资源高效利用和制度优化实现可持续增长。在数字基础设施发展过程中,通过智能化管理、动态资源优化等方式大幅降低能源消耗,其低碳属性与绿色增长目标高度契合。将绿色增长理论应用于数字基础设施研究,不仅能优化其自身绿色发展路径,更能放大其对全局可持续转型的杠杆作用。

3.2 可持续发展相关理论

3.2.1 可持续发展理论

1987 年,联合国发布《我们共同的未来》报告,首次明确提出可持续发展的概念:"满足当前世代的需求,而不损害满足后代需求的能力。"在 1992 年联合国环境与发展大会上,世界各国对可持续发展理论达成了相对一致的认同,形成了《联合国环境与发展宣言》,明确了全球范围内的可持续发展战略和行动计划,提出在不同国家和地区推动可持续发展的具体措施。

可持续发展理论以公平性、持续性和共同性为原则,要求既满足当代人的需要,又不损害后代人的利益。随着社会的发展其外延也不断扩大,涵盖了经济、生态和社会三个方面的可持续,强调提高经济质量、保护生态环境、实现社会公平,旨在实现自然系统与社会系统达到一种可以持续循环发展的稳态。数字基础设施是现代社会运行的基石,但其建设与运营涉及资源消耗、环境影响和社会公平等。可持续发展理论为协调这些矛盾提供了分析框架和理论基础,强调基础设施与生态、社会系统的互动,推动数字技术向低碳化发展。

3.2.2 区域协调发展理论

19世纪20年代开始,国外学者围绕经济地域空间差异展开了对区域发展的理论研究,形成了较为早期的区位理论,如农业区位论、工业区位论及中心地理论等。经过多年的探索,我国提出了区域协调发展战略,并在党的十九大报告中将其上升为统领性的区域发展战略。区域协调发展理论强调正确处理区域关系,通过友好交流、良性竞争、分工协作等形成优势互补、关系融洽的格局,打破资源要素区际流动的限制和壁垒,达到整体效益最优的发展状态。随着我国经济转向高质量发展,区域协调发展的内涵不断拓展和外延,不仅限于经济的可持续发展,更是人与自然和谐共生、不牺牲生态环境利益的全面协调发展,其最终目标是实现经济增长、社会进步与环境友好的共同发展,从而推动区域均等化、均衡化发展。

数字经济的崛起引发了地区要素竞争的激增,不仅涉及土地、劳动力和资金等传统要素,还包括数字化基础设施、政策支持和人才吸引力等新要素。在数字经济时代,地区的竞争力取决于其在这些关键领域的优势。数字经济与区域协调发展密不可分,数字技术的不断演进不仅为区域经济注入新的活力,也为区域间的合作与协调提供了新的契机。在数字化时代,地区经济的竞争力与数字化程度息息相关,而区域间的协调发展则需要借助数字技术的力量实现资源优化配置和产业协同发展。

3.2.3 基础设施外部性理论

外部性又称溢出效应、外部影响，是指经济主体的经济活动对他人和社会造成的非市场化的影响。外部性从萌芽、发展到实现，有三个相互联系、相互促进的关键层面。首先，经济主体间的利益冲突是外部性产生的直接原因，而冲突的根源则在于资源的稀缺性。其次，由于公共物品、准公共物品的存在，对他人资源及要素占用机会的广泛存在等为外部性的发展提供了一个宽大平台。最后，产权残缺、受损者追索能力缺陷、交易双方地位不对称、制度安排及制度规范的有限性、强制实现等问题的存在激化了外部性的发展，最终导致外部性问题。

数字基础设施作为社会公共品，具有竞争性和排他性的特质，会对社会成员的生产或者生活方式产生影响。一方面，数字基础设施的投资建设会促进当地交通运输和产业发展，具有交通可达性和产业吸引力，进而对当地产业产生集聚效应，其外部性会对经济产生正向影响。另一方面，数字基础设施的建设通过将几个地区相连接，从而使得地区间的交流交换更为便捷，推动发达地区的生产要素与技术向欠发达地区流动，同时也可以带动周边地区生产要素向基础设施建设地集聚，形成集聚经济，促进当地与周边地区经济发展及生产效率的提高，其外部性表现为对邻近空间的影响。

3.3 技术创新和变革相关理论

3.3.1 技术创新理论

技术创新是突破关键领域技术瓶颈、推动产业绿色转型的关键所在，具有重要的战略意义和指导意义，有利于国家综合实力提升及经济社会高质量发展推进。1912年，政治经济学家熊彼特在其著作 The Theory of Economic Development 中首次明确"创新"定义，其认为创新是在生产过程中对生产要素和条件进行新的组合排列，从而建立新的生产函数，以期获得潜在利润。而技术创新的概念正是由此演化引申而来，创新被视为技术进步的源泉。

随着技术革命的兴起，在熊彼特的思想基础上，关于技术创新的研究衍生出两种学派——新古典学派和新熊彼特学派。其中，新古典学派以市场失灵为前提，把技术视为外生变量，肯定了其在经济增长过程中的决定性作用，并且认为政府适当的宏观调控可以保证技术创新对经济社会的促进作用；而新熊彼特学派重视对技术创新内在运作机制的探讨，并进一步提出了新技术模仿理论、技术创新与市场结构论等。在信息技术快速发展的作用下，技术创新逐渐成为国家经济实现高质量发展、经济结构实现转型优化及国家综合实力提升的决定性因素。

根据熊彼特创新理论，数字基础设施建设为经济高质量发展提供了场所和前提条件，通过规模经济效应、信息要素、知识溢出来促进科技自立自强，为城市创业注入全新活力，在人才就业、产业升级、互动示范等方面为提高经济高质量发展水平提供内生增长动力。数字经济也会加快信息交互频率，促进区域之间互惠互通，打破原来的区位壁垒，为人民生活需求提供更多选择的可能，也对供给需求双方提出了更高的要求。数字基础设施建设提供了信息传播的载体和信息交流的平台，为数字经济把握商机具有重要的推动作用。

3.3.2 技术变革理论

技术变革理论是指产生新技术或者引入新产品后会提高原本单

位投入的产出水平,主要体现科学技术的发明对社会生产各个领域的推动作用。技术变革理论认为新技术的产生会引发经济和社会结构的系统性变革,形成新的"技术-经济范式",使得对原本劳动力的知识技能要求提高,原本的生产劳动力为了适应新技术的发展必须通过增加自身人力资本的投资,同时,新技术能够降低劳动者的工作强度,从而提高劳动生产率。

数字基础设施具有通用性、渗透性和创新互补性,能推动全行业生产率提升,正是当前以信息技术为核心的技术革命的基础支撑。一方面,数字基础设施建设为信息传播提供了多元化渠道,丰富了信息传播介质,大大降低了信息获取成本。另一方面,数字技术从创新、协调、绿色、开放和共享五个方面影响经济高质量发展,促使基础设施从传统物理模式向数字基础设施迁移,为城市注入科技创新活力,催生数据驱动的经济新模式。

3.4 新经济地理相关理论

3.4.1 新经济地理学"中心—外围"理论

新经济地理学以不完全竞争、规模经济与报酬递增等假设为前提,主要探讨经济活动的空间集聚特征与区域经济增长的动力来源,揭示经济活动的空间分布规律及其动态演化机制。1991年,新经济地理学的代表性学者保罗·克鲁格曼(Paul Krugman)提出"中心—外围"模型,指出规模经济、运输成本和要素流动的相互作用会导致经济活动的空间集聚,形成"中心"(高密度经济核心区)和"外围"(边缘区)。

数字基础设施通过降低信息传输成本、扩大规模经济效应和促进数据、资本、人才等要素流动，使核心城市进一步吸引高附加值产业，形成"超级中心"，加剧区域分化。同时，通过远程办公、电子商务等数字技术也可能让部分经济活动向外围扩散，从而强化或弱化传统的"中心—外围"结构。随着区域经济的不断推进，要素自由流动致使"中心—外围"区域之间界限逐渐消失，最终整体区域得以实现全面而协调的经济增长。

3.4.2 空间效应理论

随着新经济地理学、空间计量经济学和 GIS 技术的不断深入，空间效应理论也被逐步纳入主流经济学的研究中，被更多的学者用来讨论地理空间维度的经济增长现象，主要包括空间相关性与空间异质性两个方面。空间相关性是指不同区域之间的经济活动存在显著的依赖关系，一个地区的经济水平会受到其他区域经济增长的影响。空间异质性主要是指地理空间层面的差异性，即由于空间的隔离，造成了地物之间的显著差异，比如"泾渭分明""橘生淮北则为枳"均是空间异质性的主要表现。空间效应理论是基于空间维度来考虑区域之间的经济增长效应，是经济地理、区域经济等相关研究中必须重点关注的理论议题。

数字基础设施并非单纯的工程技术产物，而是通过改变人类活动的空间约束条件，重构社会经济关系的底层系统。数字基础设施创造了超越物理领土的虚拟空间（如元宇宙、跨境数据走廊），其运行规则挑战传统地缘政治逻辑。实证研究表明，数字基础设施既是社会关系的产物，又反过来重塑空间实践，具有显著的空间溢出效应。空间效应理论为理解数字基础设施的复杂空间结构、社会关系与技术互动提供了不可替代的分析工具。

3.4.3 空间相互作用理论

空间相互作用理论源于地理学和经济学的交叉研究，认为城市在形成和发展过程中不是孤立存在的，受其他城市的直接或间接影响，城市之间进行着各种要素的交流和运输，这种传递和交换反映了空间相互作用的存在。该理论将城市群看作一个相对完整的城市集群区域，强调城市、区域等地理空间要素之间的物质、信息、能量流动机器相互作用机制。在城市群内，通过发达的交通、通信等基础设施网络，城市间的联系紧密，形成了相对紧凑的经济区域。

数字基础设施的本质是促进数据、信息和资本的高效流动，加速数字空间与物理空间、社会空间的深度融合进程，实现空间内涵的革命性变化。长三角一体化要求打破行政壁垒，实现资源优化配置。数字基础设施跨省市数据中心集群的选址、城际网络带宽分配等，体现了空间相互作用理论中的互补性和可达性原则。因此，空间相互作用理论通过其动态性、量化性和系统性，为长三角数字基础设施的空间布局优化、跨域协同治理、效益评估提供了方法论框架。

3.5 经济韧性相关理论

3.5.1 经济韧性理论

随着全球化进程的推进、金融危机的频繁发生以及环境变化的加剧，传统的经济理论逐渐暴露出其在应对突发事件、长周期波动以及不确定性方面的局限性。经济韧性理论应运而生，是指经济系统抵御外部冲击（如金融危机、自然灾害、技术变革等）、适应变化并快速恢复甚至转型升级的能力。经济韧性理论认为系统具有多重均衡状态，外部冲击会促进系统由一个平衡状态向另一个平衡状态转化，只是系统改变内部结构向不同均衡状态跨越时需要吸收对应的最大扰动量，以破除系统长期固化形成的锁定状态。在经济韧性框架下，区域韧性不再局限于系统在遭遇外部冲击后是否恢复到稳定均衡状态，更强调系统自身通过调整系统结构并且各主体共同演化以适应外部冲击扰动，最终实现系统长期可持续发展的能力。

数字基础设施通过数字技术创新提升经济系统的实时监测和动态调整能力，帮助传统经济向新业态转型，从而产生抵御外部冲击的能力。此外，经济韧性理论强调系统冗余和多样性，而数字基础设施通过技术冗余降低单点故障风险，提升数据流动性和分析能力，帮助企业和政府快速响应危机，发挥了韧性载体作用。从长期发展视角来看，数字基础设施降低创新成本，推动新技术扩散，增强经济系统的结构性韧性。

3.5.2 公共物品理论

公共物品理论是研究公共事务的一种现代经济理论。公共物品理论的研究始于Samuelson，他认为公共物品是指每个人对某种产品的消费不会导致其他人对该产品消费的减少。公共物品理论的核心特征是排他性和非竞争性，基础设施建设的资金投入与管理往往需要政府或公共部门来承担，通过公共财政的支持，政府能够确保这些基础设施服务的普及和长期运行，从而提升社会整体的福利。

在经济韧性研究中，公共物品理论认为基础设施建设在增强经济体的稳定性和恢复能力中起着至关重要的作用。无论是面对自然灾害、金融危机，还是其他突发事件，公共基础设施的稳定运行能够确保资源的有效流通，维持生产和生活的基本秩序，从而帮助社会更好地应对危机和减少灾后恢复的时间。特别是交通、能源和通信等基础设施，它们不仅提供了日常生活所需的服务，还在突发事件中充当了"支撑"和"缓冲"的作用，有助于经济体更快地恢复和适应变化。

数字基础设施具有显著的公共物品特征，一旦建成覆盖全国的通信网络，很难阻止特定群体接入，用户数量的增加通常不会显著增加边际成本，数字基础设施的普及能促进创新、经济增长和社会公平。这些属性导致市场可能供给不足，需要政府或集体行动干预。另外，数字基础设施的初始投资高、回报周期长、社会效益远超私人收益，符合纯公共物品无法通过市场机制有效供给的特性。

第4章 数字基础设施的发展历程与现状

数字基础设施的发展历程,是人类不断探索、创新和突破的历程。它从最初的弱小逐步成长为强大的力量,深刻地改变了人们的生活方式、工作方式和社会的运行模式。我国的数字基础设施建设在国家战略方向、行业发展需求、技术革新等多方面因素作用下发展起来,虽然起步较晚,但发展势头良好,算力基础设施已具备较强支撑能力,融合基础设施建设已取得显著成效,数字经济核心产业正加速迈向高质量发展阶段。

4.1 国外数字基础设施的发展

纵观人类经济社会发展史,人类的每一次产业革命,都伴随着基础设施建设的颠覆性变化。基础设施在传统社会迈向现代社会的每一个时期,都与经济社会发展相互作用,共同推动人类文明的进步。已经完成的三次工业革命均以当时的"新型"基础设施建设为标志和必要条件。第一次工业革命时期,纺织业、采掘原材料工业、机械制造业等工业迅速发展,对煤炭、矿石、石油、工业制成品等货物运输的需求急剧增加。为了适应不断增长的运输需求,提高生产效率,以铁路、航道、公路为代表的交通基础设施迅速发展,人类社会沟通效率得到极大提升。第二次工业革命时期,出现了电气、化学、石油等新兴工业部门。发电机、电动机相继问世,远距离输电技术成为现实,电气工业迅速发展起来,电力在生产和生活中得到广泛应用。与之相适应，以水电站、火电站、核电站、高压输电线为代表的能源基础设施开始兴起，对工业发展起到了巨大的推动作用。第三次工业革命时期，以计算机和信息技术为标志，带动了原子能、微电子技术、航天技术、分子生物学和遗传工程等领域取得重大突破，世界进入了"信息时代"。与之相适应，以光缆、卫星、移动通信等为代表的信息基础设施迅猛发展，引领了"二战"以来的经济繁荣。

进入 21 世纪以来，特别是国际金融危机之后，以新一代信息技术等引领、以新科技革命和新产业变革为主要特征的新工业革命，正在全球范围蓬勃兴起，世界即将进入"智能时代"。与之相适应，世界各国纷纷制定出台新的工业发展战略和规划，推动制造业的智能化改造提升。投资数字基础设施成为世界各国发展数字经济、建设数字强国的重要抓手，全球各主要国家纷纷出台相关政策，加快推进各自的数字基础设施建设。2012 年美国发布的"数字政府战略"和 2015 年发布的《数字经济议程》中分别指出建设互联网共享平台和维护互联网安全的重要性，反映美国对发展数字基础设施的重视。2017 年英国发布"数字化战略"，将建立世界一流的数字化基础设施作为七大任务之一，并视宽带和移动连接为英国第四大公用事业。德国经济能源部于 2016 年 3 月发布《德国数字化战略 2025》，指出要在全德国建成千兆级光纤网。2021 年，各国纷纷出台相关政策，大力发展数字基础设施建设。美国批准"基础设施投资与就业法案"，拨款 650 亿美元用于宽带基础设施的改进，确保更广泛的可靠互联网接入。欧盟推动其"数字单一市场"战略，目的是增强成员国间数字基础设施的互联与互通性。英国推出新的《英国数字战略》，专注于完善的数字基础设施、发展创意与知识产权、提高数字技术技能与人才培养、畅通金融渠道、改善经济与社会服务、提升国际影响力等六大关键领域,以促进其数字经济的包容性、竞争力和创新性发展。日本政府实施《Society 5.0 计划》,着重于强化数字基础设施并提升数字技术的应用。印度推出《数字印度计划》,旨在通过增强数字基础设施布局,促进国家向数字化转型,同时提升公民的数字技术应用水平。

近年来,全球主要国家积极推进数字基础设施建设,5G 网络基本遍布全球,用户保持快速增长。截至 2023 年 9 月,全球 102 个国家或地区的 277 家运营商开通 5G 业务,5G 网络人口覆盖率达 36.9%,5G 用户总数达 14.3 亿,5G 用户渗透率达 16.6%。全球固定宽带接入持续普及,光纤宽带用户占比稳步增长。截至 2023 年第二季度,全球固定宽带用户达到 14.8 亿,光纤用户达到 10 亿,占固定宽带用户数的 67.6%。全球蜂窝物联网连接超过 30 亿,物联网设备出货量保持快速增长。全球数据中心总数持续缩减,大型数据中心成为未来建设重点。美国加快超大规模数据中心建设,全球超大规模数据中心数量将从 2022 年的 1715 台增至 2025 年的 1875 台。

4.2 我国数字基础设施的发展历程

数字基础设施的发展与基础设施建设规划、国家政策等相关。国家战略方向、行业发展需求、技术革新等多方面因素共同推动数字基础设施的发展。我国数字基础设施的发展历程经历了从基础建设到全面升级的多个阶段,逐步构建了覆盖广泛、技术先进的数字化支撑体系。具体而言,主要经历了自动化、信息化和数字化、智能化四个阶段,如图 4-1 所示。

第4章 数字基础设施的发展历程与现状

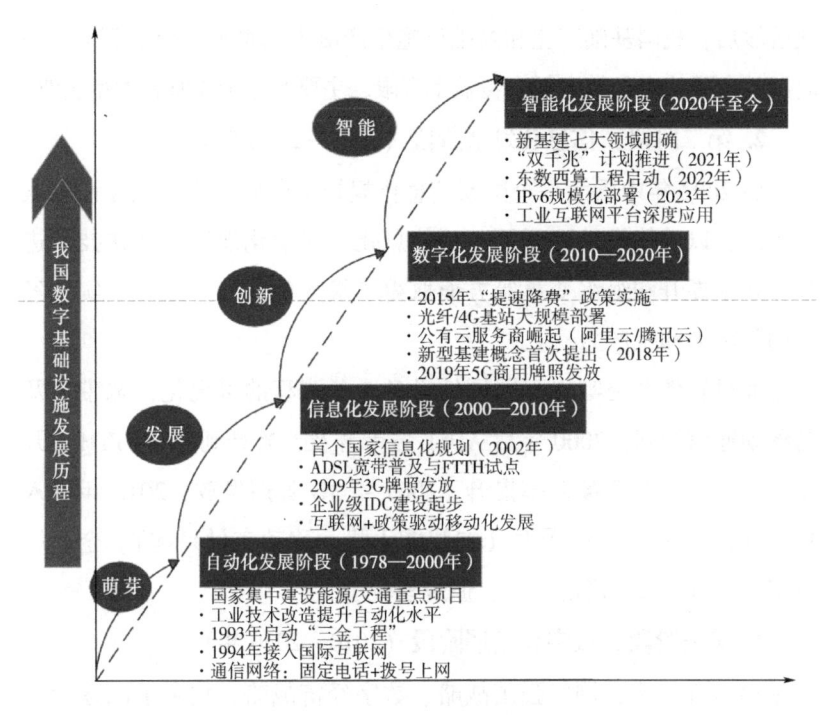

图4-1 我国数字基础设施的发展历程

智能化发展阶段（2020年至今）
- 新基建七大领域明确
- "双千兆"计划推进（2021年）
- 东数西算工程启动（2022年）
- IPv6规模化部署（2023年）
- 工业互联网平台深度应用

数字化发展阶段（2010—2020年）
- 2015年"提速降费"政策实施
- 光纤/4G基站大规模部署
- 公有云服务商崛起（阿里云/腾讯云）
- 新型基建概念首次提出（2018年）
- 2019年5G商用牌照发放

信息化发展阶段（2000—2010年）
- 首个国家信息化规划（2002年）
- ADSL宽带普及与FTTH试点
- 2009年3G牌照发放
- 企业级IDC建设起步
- 互联网+政策驱动移动化发展

自动化发展阶段（1978—2000年）
- 国家集中建设能源/交通重点项目
- 工业技术改造提升自动化水平
- 1993年启动"三金工程"
- 1994年接入国际互联网
- 通信网络：固定电话+拨号上网

1. 第一阶段：自动化发展阶段（1978—2000年）

改革开放初期，全社会投资规模较小，基础产业和基础设施仍十分薄弱。为填补基础产业和基础设施缺口，重点缓解能源、原材料、交通运输等瓶颈制约，国家集中力量建设了一批能源、交通等国家重点项目。随着我国工业技术不断提升，传统人力在面对众多大型基建项目时效率低下、质量未达预期等问题日益突出，大量国家技术改造贴息贷款资金流入了基础产业的技术改造项目，基础设施的自动化水平大幅提升。

1993年启动"三金工程"（金桥、金关、金卡），推动经济领域信息化。1994年正式接入国际互联网，电信运营商开始铺设骨干光缆，通信网络以固定电话和早期互联网（拨号上网）为主。进入自动化阶段后,我国基础产业和基础设施生产能力和水平大幅提高。这一时期的主要特点是带宽低、覆盖率有限、主要服务于政府和大型企业。

2. 第二阶段:信息化发展阶段(2000—2010年)

自2002年中国第一个国家信息化规划出台后,信息化建设驶入快车道,以政策推动互联网＋、信息化、移动化发展,并在技术进步、效率提升和组织变革等方面取得了极大的成效,提升了实体经济的创新力和生产力。

通过软件系统实现不同硬件设备业务流程的可视化,宽带普及与移动通信崛起。2000年后ADSL宽带普及,光纤到户(FTTH)开始试点,城乡宽带覆盖率提升。2009年3G牌照发放,2013年进入4G时代,移动互联网爆发(如智能手机、移动支付兴起)。企业级数据中心(IDC)建设起步,但规模较小。

3. 第三阶段:数字化发展阶段(2010—2020年)

2010年以来,网络强国战略、数字经济战略、数字中国建设不断深化,数字红利开始释放。2015年"提速降费"政策推动光纤网络和4G基站大规模部署,行政村通宽带比例超98%。阿里云、腾讯云等公有云服务商崛起,国家级大数据综合试验区成立(如贵州)。2018年12月,中央经济工作会议首次提出"新型基础设施建设"的概念,明确提出加快5G商用步伐,加强人工智能、工业互联网、物联网等新型基础设施建设。2019年5G商用牌照发放,2020年建成全球最大5G网络(基站超70万座)。这一阶段,数字技术的重要性凸显,结合人工智能、大数据等新兴技术与实体经济深度融合,在赋能行业转型升级方面探索了一系列创新智慧应用场景,数字孪生等新概念不断提出。

4. 第四阶段:智能化发展阶段(2020年至今)

进入2020年,面对新冠疫情带来的新挑战与机遇,中国政府明确提出加快新型基础设施建设，涵盖了 5G 基站、特高压、新能源汽车充电桩、大数据中心、人工智能、工业互联网等多个领域，旨在以数字化、智能化手段驱动经济社会的高质量发展，使数字基础设施建设进入全新的战略高度和发展阶段。

2021 年"双千兆"计划（千兆光纤+5G）加速，6G 技术预研同步展开。2022 年《"十四五"数字经济发展规划》明确数字基础设施为核心支柱，东数西算工程启动，构建全国一体化算力网络，优化数据中心布局（如贵州、内蒙古枢纽节点）。2023 年 IPv6 规模化部署，智慧城市、车路协同、工业互联网平台（如"灯塔工厂"）深度融合数字技术。

4.3 我国数字基础设施的发展现状

近年来，我国不断强化战略布局，持续推进数字基础设施演化升级，建成了全球规模最大、技术领先、性能优越的数字基础设施，整体水平实现跨越式提升。数字基础设施支撑经济社会发展的战略性、基础性、先导性作用日益凸显，为数字经济提供坚实的底层支撑，已成为推动全球经济信息流动、资源配置以及生活生产的核心力量。

4.3.1 网络基础设施进入提速升级新阶段

1. 移动通信网络用户规模全球领先

数字基础设施建设作为数字经济发展的载体，能够提供高速稳定的网络连接，为数字经济发展创造了良好条件。近年来，我国互联网宽带网络的普及和提速使得信息传输更加快捷高效，随时随地获取所需的信息资源便捷了人们的生活，推动了数字经济的快速增长。目前，我国已建成全球规模最大、技术领先的固定宽带网络和移动通信网络,实现了全国所有地级市城区、县城城区以及绝大部分乡镇城区的覆盖。同时,5G 网络建设也在加速推进,已经实现了全国所有地级市的覆盖,成为推动实体经济数字化转型升级的关键驱动力。截至 2023 年年底,全国固定宽带用户数超过 2.98 亿,移动电话用户数超过 9.91 亿。5G 基站数达 337.7 万个,同比增长 46.1%;平均每万人拥有 5G 基站 24 个,较上年末提高 7.6 个百分点;5G 移动电话用户数达 8.05 亿,在移动电话用户中占比 46.6%;5G 虚拟专网数量超 3 万个,如图 4-2 所示。

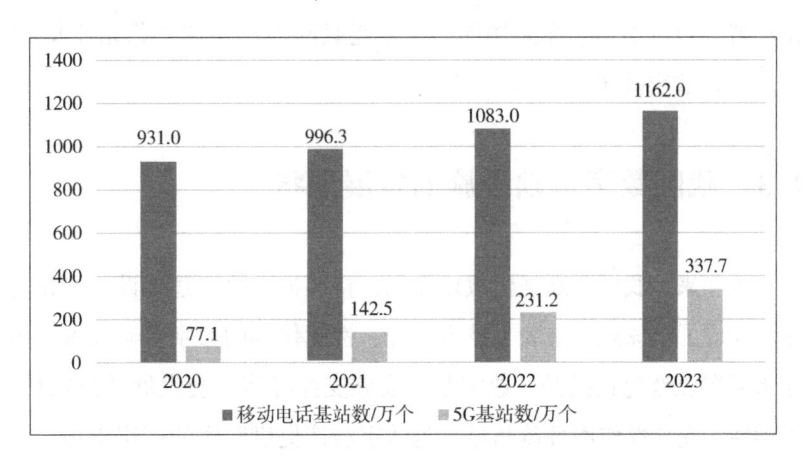

图 4-2 2020—2023 年移动电话基站发展情况

数据来源:工业和信息化部

2. 移动物联网络能力持续增强,初步建立多网协同格局

近年来,我国移动物联网用户规模快速扩大,已建成全球最大的移动物联网络,形成了高中低协同组网的良好局面,物联网用户数量持续增加、应用场景更加丰富多样。如图 4-3 所示,截至 2023 年年底,三家基础电信企业发展蜂窝物联网终端用户数达 23.32 亿户,全年净增 4.88 亿户,较移动电话用户数高 6.06 亿户,同比增长 26.4%,占移动终端连接总数(包括移动电话用户和蜂窝物联网

终端用户)的比重达到57.5%,占全球总数的70%。公共服务、车联网、智慧零售、智慧家居等领域蜂窝物联网终端的规模分别达7.99亿户、4.54亿户、3.35亿户和2.65亿户。

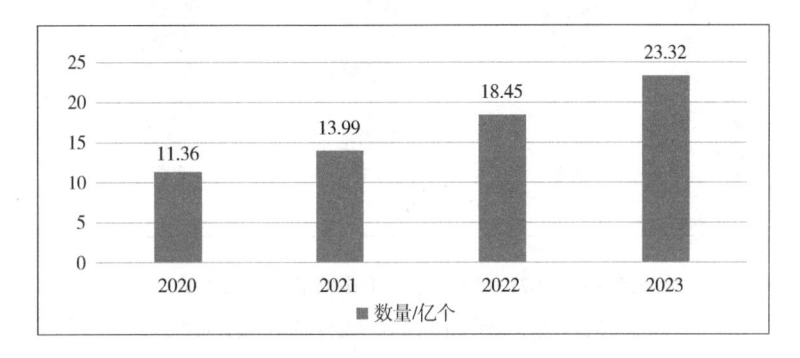

图 4-3 2020—2023 年蜂窝物联网终端用户情况

数据来源：中国通信院

3. 光纤宽带网络全球规模最大

我国持续加大光纤网络建设投资力度,已建成全球规模最大的移动宽带和光纤网络,网络质量达到甚至优于发达国家水平,实现了从铜缆接入为主向光纤入户的全面替换。截至 2023 年年底,已建成 5G 基站近 160 万个,成为全球首个基于独立组网模式规模建设 5G 网络的国家。固定宽带由百兆迈向千兆跨越升级,光纤用户占比由 2012 年的不到 10% 提升至 2021 年的 94.3%；100% 的城市 OLT (光线路终端)、90% 以上乡村 OLT 具备千兆服务能力,10GPON 端口数达 2302 万个,1000Mbps 及以上接入速率的固定宽带用户达 1.63 亿户；光缆线路总长度达到 6432 万 km,骨干网跨越 40G 迈入 100G,并率先向 400G 演进,100GOTN 网络逐步向城市边缘延伸,骨干传输网综合承载能力持续增强,城市内传输网络覆盖有效增强,如图 4-4 所示。

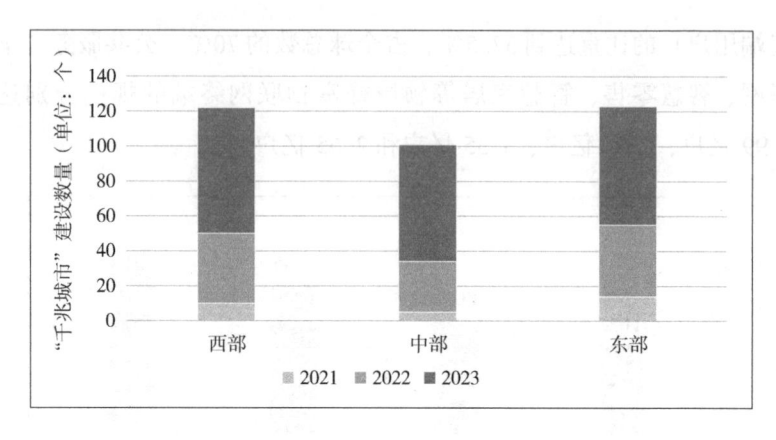

图 4-4　2021—2023 年"千兆城市"建设数量

数据来源：第 53 次《中国互联网络发展状况统计报告》

4. 新一代 IP 互联网络演进升级和架构优化成效显著

基础电信企业 IP 骨干网、城域网、接入网 IPv6 改造全面完成，IPv6 技术创新和融合应用综合试点工作有序开展。如图 4-5 所示，截至 2023 年年底，IPv6 活跃用户数达到 7.78 亿，移动网络 IPv6 流量占比达到 60.88%，固定网络 IPv6 流量占比达到 19.57%。光纤宽带网络技术不断升级、服务能力增强。具备千兆网络服务能力的

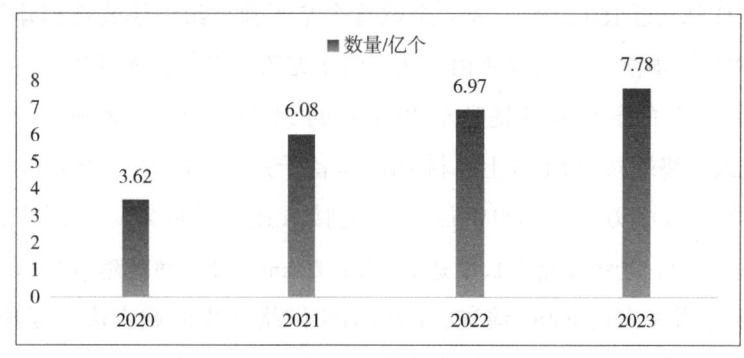

图 4-5　IPv6 活跃用户数

数据来源：工业和信息化部

10GPON端口数达2302万个,增幅达51.2%,已形成覆盖超5亿户家庭的能力。1000Mbps及以上接入速率用户达1.63亿户,在固定宽带接入用户占比达到25.7%,较上年末提高10.1个百分点。

4.3.2 算力基础设施达到世界领先水平

算力是集信息计算力、网络运载力、数据存储力于一体的新型生产力,是新型信息基础设施的重要组成部分,对于助推产业转型升级、赋能科技创新进步、满足人民美好生活需要和实现社会高效能治理具有重要意义。近几年,我国算力供给结构逐步优化,包括超算中心、数据中心、智算中心等多种类型。如图4-6所示,截至2023年年底,全国在用数据中心标准机架超过810万架,算力总规模达到230EFLOPS,居全球第二位,5年年均增速近30%,8个国家算力枢纽节点进入落地应用阶段。其中,智能算力规模达到70EFLOPS,增速超过70%。全国累计建成国家级超算中心14个,全国在用超大型和大型数据中心达633个、智算中心达60个(AI卡500张以上),智能算力占比超30%。

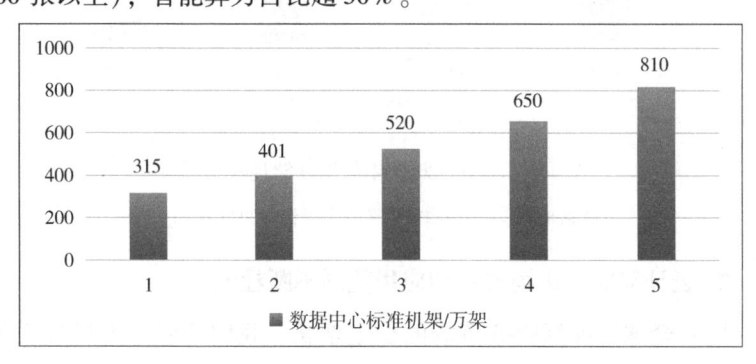

图4-6 数据中心发展情况

数据来源:工业和信息化部

1. 数据存储行业高速发展，数据中心规模不断扩大

近年来，得益于数字化、云计算、大数据和人工智能等技术的普及和应用，数据存储行业市场规模增长趋势明显，数据中心规模不断扩大。据市场研究报告，全球消费者数据存储设备市场规模在2024年估值为175.7亿美元，预计至2034年将增长至244.5亿美元，复合年增长率达3.4%。特别是在云计算、大数据和物联网等新兴领域，对高效、安全的数据存储解决方案需求迫切。根据中国信息通信研究院发布的数据，截至2023年年底，全国数据中心标准机架数超过810万架，服务器规模超过2000万台；存力总规模超过1.2ZB，存储容量保持较高增速，以全闪存储技术为代表的先进存力快速发展，如图4-7所示。

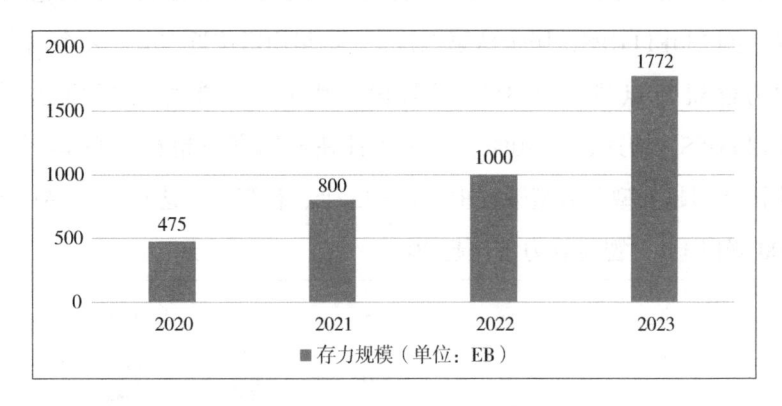

图4-7 2020—2023年数据存储规模情况

数据来源：《全国数据资源调查报告（2023年）》

2. 云计算服务市场规模和应用范围不断壮大

随着全球云计算服务市场的稳定增长，我国云服务市场规模保持快速发展，基础设施不断完善，产业链条不断拓展，融合应用不断涌现，加速赋能各行业的数字化转型升级。工业和信息化部数据显示，2024年我国云计算、大数据服务共实现收入14088亿元，同比增长9.9%，占信息技术服务收入的15.3%。国内互联网、云计算企业均加大在人工智能、大模型领域的研发投入，在大规模并发处理、海量数据存储等关键核心技术上不断突破，部分指标已达到国际先进水平。在大模型、算力服务等需求刺激下，我国云计算市场规模达到6165亿元，同比增长35.5%，预计将在2025年达到1.1万亿元。我国云计算应用已从互联网向政务、金融、电信、工业、交通、能源等行业加速拓展，央企、国企上云覆盖率较高，达到86%，如图4-8所示。

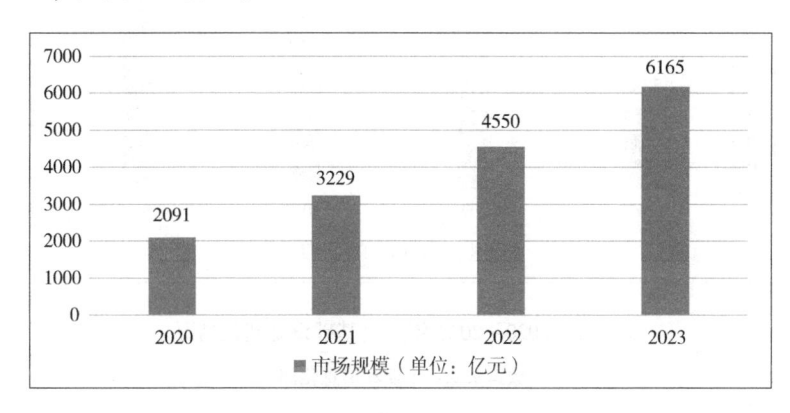

图4-8　2020—2023年云计算市场规模情况

数据来源：中国信息通信研究院

4.3.3　应用基础设施水平实现新突破

1. 智慧交通设施建设呈现持续爆发式增长态势

我国智慧交通新基建建设正在提速，城市级"车路云一体化"示范、智能网联汽车准入和上路通行试点工作顺利开展，超过3500km公路已完成智能化升级改造，京雄高速河北段、沪杭甬高速、杭州绕城西复线、成宜高速等一批智慧公路已建成运行。截至2023年年底，全国建设17个国家级测试示范区、7个国家级车联网先导区、16个智慧城市基础设施与智能网联汽车试点城市，累计完成智能化道路改造超过7000km，建设路侧基础设施超8500套；充电基础设施总量达859.6万台，同比增长65%，全国共有6328个服务区配建了充电设施，占服务区总数的95%，如图4-9所示。其中，北京、上海、河北、安徽等15个省市高速公路服务区已全部具备充电能力。

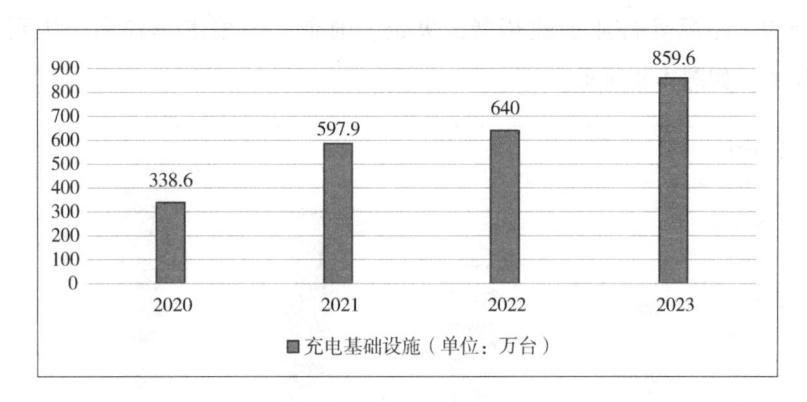

图4-9 2020—2023年充电基础设施建设情况

数据来源：工业和信息化部

2. 工业互联网呈现较快发展态势

我国企业内网改造、外网建设初见成效，低时延、高可靠、广覆盖的工业互联网网络基本建成，标识解析体系"5+2"国家顶级节点全面建成。国家工业互联网大数据行业分中心加快建设，数据汇聚能力持续增强，已形成覆盖京津冀、长三角、粤港澳大湾区、成渝双城经济圈的体系化布局。我国工业互联网平台由概念普及走向实践深耕，已进入规模化应用推广关键阶段，基本形成综合型、特色型、专业型的多层次工业互联网平台体系。截至2023年年底，5G+工业互联网已覆盖41个国民经济大类，全国已创建示范应用项目超8000个，5G工厂300个；具有一定区域和行业影响力的综合型、特色型、专业型工业互联网平台数量大幅增加，重点平台连接设备超过 9600 万台（套），如图 4-10 所示。

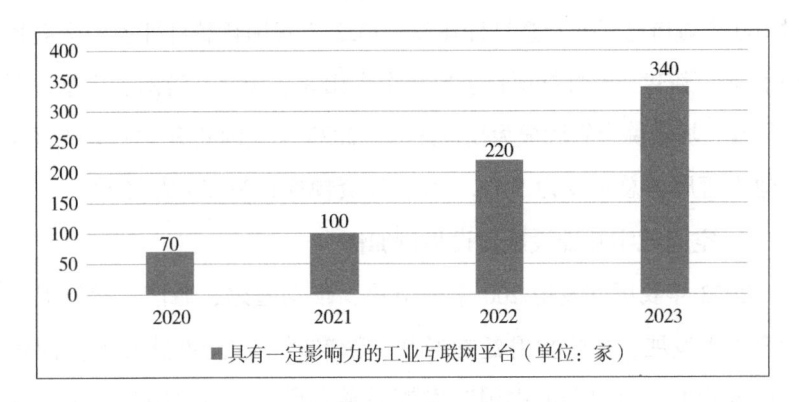

图 4-10　2020—2023 年工业互联网平台数量

数据来源：工业和信息化部

3. 市政基础设施建设持续加速

我国智慧水务尚处于初步启动阶段，2023 年智慧水务的市场规模达到 214 亿元，如图 4-11 所示；智慧电力行业市场规模约为

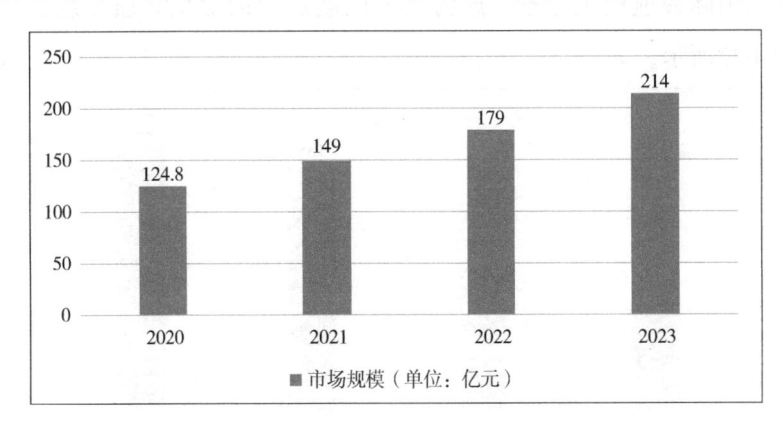

图 4-11　2020—2023 年智慧水务市场规模情况

数据来源：工业与信息化部

2087.4亿元，同比增长11%；智慧燃气行业保持快速增长的趋势，营业收入每年约1050亿元，城市地区燃气普及率接近100%。全国超过160个城市已开展智慧灯杆建设，2023年我国智慧灯杆投资金额超10亿元，新建智慧灯杆项目主要集中在山东、湖北、河南、广东、浙江等地。城市综合管廊成为投资热点。2023年全国共有141个城市开工建设管廊，总长度为1714.2km，投资规模将突破1万亿元。

4. 空间数字基础设施建设步伐加快

2023年我国共发射200余颗卫星，推动遥感、通信、导航卫星融合技术发展，加快提升泛在通联、精准时空、全维感知的空间信息服务能力，为"美丽中国"发挥遥感力量，提高我国应对全球气候变化的话语权和主导权。2023年8月，世界首颗进入工程实施阶段的高轨合成孔径雷达卫星——陆地探测四号01星发射，服务地震监测、国土资源勘察及海洋、水利、气象、农业、环保、林业等行业应用需求，是我国目前行业用户最多的遥感卫星。北斗系统正式加入国际民航组织标准，成为全球民航通用的卫星导航系统，如图4-12所示。

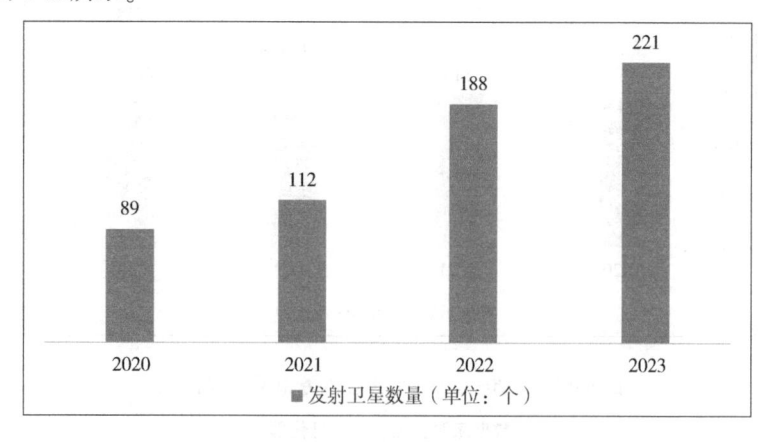

图4-12　2020—2023年中国卫星发射数量情况

4.4 我国数字基础设施发展中存在的主要问题

当前,我国数字基础设施发展势头良好,算力基础设施已具备较强支撑能力,融合基础设施建设已取得显著成效,数字经济核心产业正加速迈向高质量发展。但数字"新基建"体系仍存在以下问题:

(1) 潜在需求旺盛与有效供给相对不足

近年来受内外部环境影响,企业经营困难现金流紧张,宏观经济运行面临诸多挑战,企业和政府投资数字基础设施面临的资金压力大,社会化投资力度不足。此外,数字基础设施中大部分是高精尖技术,更新迭代快,市场不确定性大且投资风险高,私人企业投资较为谨慎,应用需求匹配不足,还没有找到有效的商业模式。

(2) 建设不平衡、应用不充分

一是区域间发展不平衡。经济发达地区创新技术领先,数字基础设施配备完善,而经济相对落后地区产业结构、技术研发、科技水平、人才布局等与发达地区差距大,导致数字基础设施薄弱。二是部分地区应用不充分。产业经济是支撑数字基础设施建设的基础和核心,然而,当前部分地区关键产业基础薄弱,融合数字基础设施能力有限,导致地区间数字基础设施应用有限。

(3) 配套资金投入有限

一是政府投入资金不足。我国政府虽然对数字基础设施建设投入了资金,但是与发达国家相比,投入资金的力度、比例相对较低,难以满足我国数字基础设施建设的需要。二是投资机构难以给予资金支持。目前数字基础设施项目主要依赖政府投资和银行贷款,社会资本参与度相对较低,资金投入主体力量不足。这种单一的融资结构不仅限制了项目的规模和速度，也增加了政府的财政压力。三是资金需要量大。由于新基建项目的技术含量高、风险大，银行在提供贷款时往往要求较高的利率和严格的担保条件，进一步增加了项目的资金成本。同时，随着技术的不断更新迭代，项目在运营过程中可能需要进行技术升级和改造，这也会增加项目的资金支出。

（4）技术迭代与核心技术缺失

一是在数字基础设施涉及诸多领域，如5G、人工智能、工业互联网等，我国虽然在应用层面取得了一定的成就，但在底层技术和核心算法上，与发达国家仍存在一定差距。这种核心技术缺失可能导致我国在国际竞争中处于不利地位，甚至可能面临被"卡脖子"的风险，影响我国数字基础设施的自主可控能力。因此，数字基础设施面临的技术短板是其发展的软肋。二是我国数字基础设施发展深度和创新性都与世界先进水平有差距，缺乏高水平、高强度的基础研究投入。数据共享技术存在短板，数据开放、数据安全亟待完善，信息沟通交流不畅，导致数字基础设施赋能作用有局限。

（5）科研与人才支撑存在短板

数字基础设施对人才的需求呈现多元化和专业化趋势，需要发展新型教育形式，创新人才培养体系。但我国在新基建相关领域的人才培养上还存在滞后现象，导致人才供不应求，尤其是在高端人才方面，不仅影响新基建项目的实施进度，也制约其技术创新和产业升级。此外，科研与人才培养的体制机制也需要进一步完善，如科研评价机制不够科学、激励机制不够健全、人才培养体系不够完善等问题，影响了科研和人才对新基建的支撑作用。

（6）缺乏统一的规划

新一代数字基础设施并非孤立存在，而是互相渗透、融合发展。目前，我国尚未形成统一的建设规划，缺乏对数字基础设施布局、建设、保护等方面的总体设计。区域间缺乏统一的算力调度平台，各区域间的数字基础设施建设和使用处于各自为战的状态，没有建立全国数据调度平台，导致算力资源发展不均，缺乏互联互通与快速、高效的算力调动机制。

第 5 章　我国数字基础设施政策梳理与评价

政策驱动是推进数字基础设施发展的重要方式。随着信息技术的革新和普及，数字基础设施建设已成为国家发展的重要战略。中国各级政府对数字基础设施建设高度重视，将其视为推动经济高质量发展、提升国家竞争力的核心支撑。通过制定和实施相关政策，不仅能够加快数字基础设施的建设速度，还能为数字经济的发展提供有力的支持和保障，从而推动整个社会的数字化转型和升级。迄今为止，我国绝大多数省市都出台了推动数字基础建设发展的政策文件，措施内容涉及行政、经济、技术、建设环节等各个方面。通过对政策措施的客观分析与评价，对促进长三角区域数字基础设施协同发展具有重要意义。

5.1　国家层面政策

中国正处于高速经济增长和信息技术快速发展的阶段，数字基础设施是数字社会的基石，2018年10月，习近平总书记强调，必须促进信息基础设施建设，构建与新时期社会经济发展要求相匹配的基础设施体系。同年12月，中共中央、国务院召开"中央经济工作会议"，首次提出新基建概念，认为新型基础设施建设包含5G、人工智能、物联网与工业互联网等多个领域。2019年中央经济工作会议着重强调新型基础设施建设的重要性，应抓紧布局数字经济等新一代信息技术产业，形成发展新动能。

2020年4月，国家发改委对新型基础设施建设做出明确界定，指出新型基础设施涵盖信息基础设施（5G、人工智能、工业互联网、智能计算中心等）、融合基础设施（智能交通基础设施、智慧能源基础设施等）与创新基础设施（重大科技基础设施、科教基础设施、产业技术创新基础设施等）三个方面。2020年8月，国家发改委进一步明确了新基建的内涵，提出新基建是以新发展理念为前提、以技术创新为驱动、以信息网络为基础，面向高质量发展的需要而存在的创新性基础设施体系。

2021年10月，习近平总书记在中共中央政治局第三十四次集体学习时强调，要加快新型基础设施建设，加强战略布局，建设高速泛在、天地一体、云网融合、智能敏捷、绿色低碳、安全可控的智能化综合性数字信息基础设施，以打通经济社会发展的信息"大动脉"。同年12月，中央网络安全和信息化委员会发布《"十四五"国家信息化规划》，明确提出要加快构建以技术创新为驱动、以新一代通信网络为基础、以数据和算力设施为核心、以融合基础设施为突破的新型数字基础设施体系，全方位推动基础设施能力提升。

2022年7月，住建部、发改委印发《"十四五"全国城市基础设施规划》提出，加快推进城区5G网络连续覆盖，全面开展家庭千兆接入和企业万兆接入升级改造。2023年2月，中共中央、国务院印发《数字中国整体布局规划》强调，打通数字基础设施大动脉。

2023年10月，工信部等六部门出台《算力基础设施高质量发展行动计划》指出，推进重点节点与区域有序建设算力设施，逐步合理提升智能算力占比，加强算力中心网络高传输性能，推动算力在元宇宙、数字孪生等新业态扩展应用。

2024年5月，国家发展改革委办公厅、国家数据局综合司印发

《数字经济 2024 年工作要点》，指出要适度超前布局数字基础设施，深入推进信息通信网络建设，加快建设全国一体化算力网，全面发展数据基础设施。同时，国家发改委、国家数据局、财政部、自然资源部联合下发《关于深化智慧城市发展推进城市全域数字化转型的指导意见》（发改数据［2024］660 号）提出要深入实施城市云网强基行动，探索发展数字低空基础设施，建设数据流通利用基础设施，促进政府部门之间、政企之间、产业链环节间数据可信可控流通，推进城市智能基础设施与智能网联汽车协同发展。

2024 年 12 月 31 日，为贯彻落实党的二十届三中全会关于建设和运营国家数据基础设施的部署要求，国家发展改革委、国家数据局、工业和信息化部联合印发《国家数据基础设施建设指引》，指出要打造可信流通、高效调度、高速互联、安全可靠的数据基础设施体系，持续赋能各行业数据融合与智能化发展，以标准化引领国家数据基础设施高质量建设。预计到 2029 年，国家数据基础设施建设和运营体制机制基本建立，标志着中国开启新一轮以数据为中心的数字基础设施布局。

近年来国家层面出台的政策文件如图 5-1 所示。

5.2　长三角地区政策

5.2.1　省级层面政策

近年来，为了落实国家发展数字经济的战略，促进数字基础设施的发展，长三角地区三省一市结合本地实际情况，相继出台了一系列政策措施，以推动区域数字化转型和一体化发展，见表 5-1。

第 5 章 我国数字基础设施政策梳理与评价

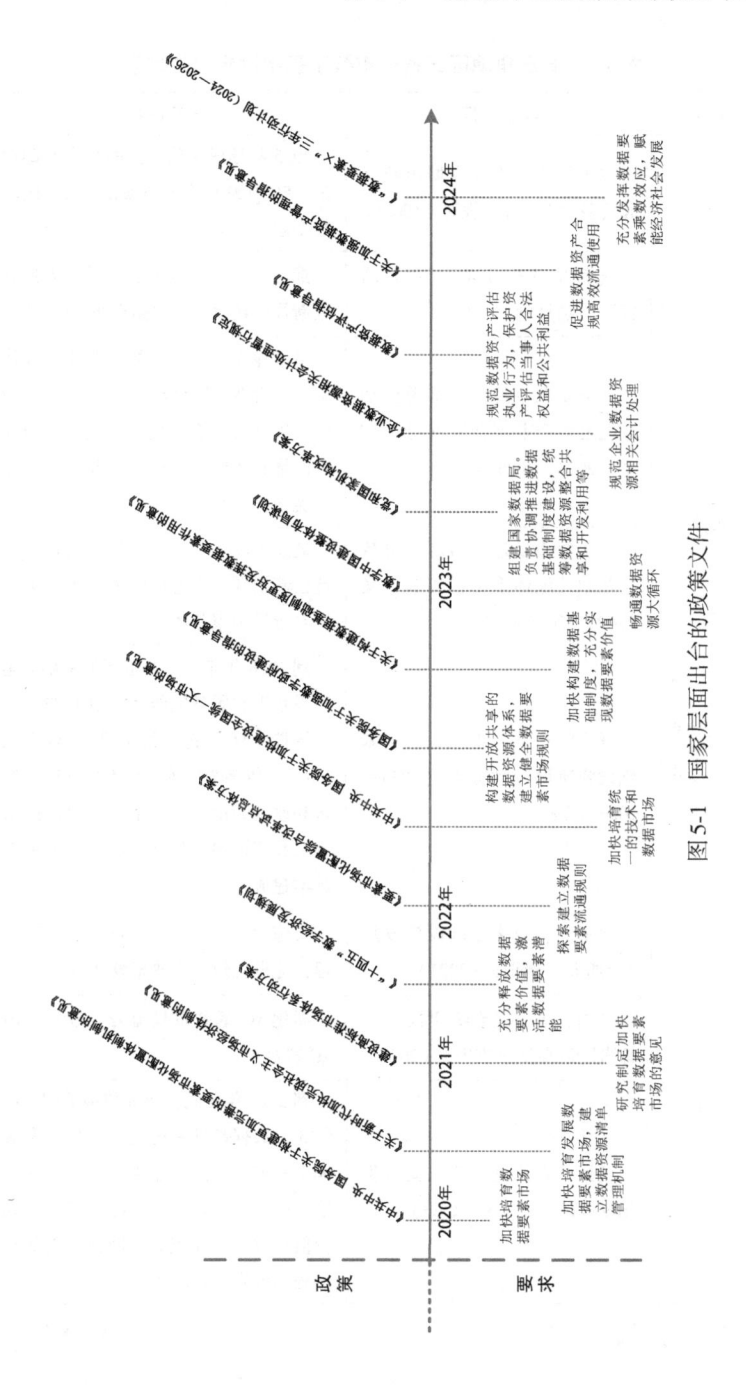

图 5-1 国家层面出台的政策文件

表 5-1　长三角地区三省一市数字基础设施相关政策

省、直辖市	政策文件	主要内容
上海市	《上海市全面推进城市数字化转型"十四五"规划》（2021）	2025年建成全球领先的数字基础设施，5G基站密度全国领先，打造国际数据港
	《新型数据中心"算力浦江"行动计划》（2022）	推动高性能算力中心建设，支持临港新片区建设国际数据枢纽
	《立足数字经济新赛道推动数据要素产业创新发展行动方案（2023—2025年）》	基本建立起完善的数据要素市场体系，并确保国家级数据交易所的地位。提升数据要素发展环境，不断完善网络和数据安全体系，并加强国际交流合作
	《上海市推进城市区块链数字基础设施体系工程实施方案（2023—2025年）》	通过市场主导、产学研用协同，打造创新引领、生态活跃的城市级区块链基础设施服务体系
	《上海市进一步推进新型基础设施建设行动方案（2023—2026年）》	到2026年年底，全市新型基础设施建设水平和服务能级迈上新台阶，人工智能、区块链、第五代移动通信（5G）、数字孪生等新技术更加广泛融入和改变城市生产生活，支撑国际数字之都建设的新型基础设施框架体系基本建成
浙江省	《浙江省数字基础设施发展"十四五"规划》（2021）	实施"云上浙江""宽带浙江"工程，建设杭州、宁波超级算力中心
	《浙江省5G基站建设"一件事"改革实施方案》（2022）	简化5G基站审批流程，推动全域5G覆盖
	《浙江省推进产业数据价值化改革试点方案》（2023）	到2025年年底，形成数字基础设施领先、数据基础制度健全、数据资源体系完善、数据产品供给丰富、能力输出高效、生态体系良好的产业数据价值化改革浙江范式，助力打造数据基础制度先行先试区

(续)

省、直辖市	政策文件	主要内容
浙江省	《建设国家数据要素综合试验区核心区打造"中国数谷"总体方案》	通过3~5年的努力,全面激活海量数据和丰富应用场景的数据要素潜能,建设成为具有全球影响力的数据要素交易流通集聚地,数据要素服务生态样板区、应用场景示范区、要素治理创新引领区
江苏省	《江苏省"十四五"数字经济发展规划》(2021)	布局"双千兆"网络(5G+光纤)、全省一体化大数据中心,南京、苏州为核心节点
江苏省	《关于加快推进数字新基建扩大信息消费的若干措施》(2020)	对5G、物联网、车联网等基础设施给予财政补贴
江苏省	《关于推进数据基础制度建设更好发挥数据要素作用的实施意见》	推进数据要素优质供给、高效流通、安全发展,实现数据要素市场化配置先行示范
安徽省	《安徽省新型基础设施建设规划(2020—2025年)》	聚焦合肥都市圈,建设量子通信、人工智能等特色基础设施
安徽省	"数字安徽"建设行动(2023)	推进江淮大数据中心、芜湖数据中心集群建设
安徽省	《加快发展数字经济行动方案(2022—2024年)》	构建高标准数据要素市场体系,建立健全数据要素市场制度,规范数据交易行为,探索数据确权、评估、定价、交易、安全等机制

5.2.2 跨区域协同政策

通过跨省联席会议机制协调标准与资源分配,创新完善一体化发展体制机制,深化政策协同,推进数字基础设施互联互通,共同推动重点领域智慧应用。相关政策见表5-2。

表5-2　长三角地区数字基础设施跨区域协同相关政策

政策措施	主要内容
《长三角区域一体化发展数字长三角建设方案》(2020)	(1) 联合行动：共建长三角工业互联网示范区、5G先试先用带、区域数据中心集群 (2) 数据通：推动政务数据共享、电子证照互认
《长三角生态绿色一体化发展示范区数字基础设施建设专项规划》(2021)	在沪苏浙交界示范区试点跨域数字基础设施共建，如"东数西算"协同调度
长三角"双千兆"城市群建设	上海、南京、杭州等城市联合申报国家"千兆城市"，2025年实现全域千兆光纤和5G覆盖
《长三角数字干线发展规划纲要》(2022)	发端于上海市青浦区，以数字经济为本源，依托G50主干廊道，与沿线城市构建形成紧密合作的创新链和产业链，共同推进生活数字化、治理数字化，协同打造一流新型基础设施的数字创新发展带

5.2.3　重点领域政策

为贯彻落实国家"十四五"规划纲要关于加快建设数字中国的战略部署，顺应数字化转型趋势，长三角地区三省一市聚焦数字基础设施的5G网络、数据中心与算力网络、工业互联网、智慧城市群等重点领域，统筹布局基础算力、构建安全可控的产业生态链、完善数字安全治理体系，见表5-3。

表5-3　长三角地区数字基础设施重点领域相关政策

重点领域	主要内容
5G网络	三省一市联合制定《长三角5G网络建设导则》，协调基站布局，避免重复建设
数据中心与算力网络	纳入国家"东数西算"工程，上海、昆山、芜湖等节点分工协作（上海为算力调度中心，安徽承接低时延需求数据）

(续)

重点领域	主要内容
工业互联网	共建长三角工业互联网平台集群，培育 20 个以上国家级"双跨"平台（如上海宝信、浙江 sup ET）
智慧城市群	推广"城市大脑"模式，如杭州"城市大脑"经验向苏州、合肥等地复制

5.3 政策评价

数字基础设施作为数字经济发展的基石，其政策效果直接影响国家经济社会发展。中国政府高度重视数字基础设施建设，将其纳入国家发展战略，明确提出加强数字基础设施建设，推动数字经济与实体经济深度融合（《中华人民共和国国民经济和社会发展第十四个五年规划和 2035 年远景目标纲要》）。自 2015 年"互联网＋"行动以来，逐步构建了以"新基建"（2020 年提出）为核心的政策体系，涵盖 5G、数据中心、人工智能、工业互联网、东数西算等重点领域。

当前的数字基础设施政策以"适度超前、集约高效、安全智能"为原则，通过顶层设计、财政支持和技术创新推动全领域升级，已经形成"政策考核—行业监测—营销研究"三级分类模型，通过 114 项三级指标实现网络、算力、应用及绿色低碳设施的系统性评估。在政策目标方面，通过国产替代（如鲲鹏芯片、欧拉操作系统）降低对外依赖，实现技术自主可控；出台《"十四五"智能制造规划》，以数字技术赋能制造业，实现经济转型升级；通过"东数西算"工程优化资源分配，促进西部绿色能源与算力结合，实现区域均衡发展；推动政务云、智慧城市等公共领域应用，实现社会治理现代化。在政策成效方面，已建成全球最大5G网络、算力总规模仅次于美国，居全球第二，实现了基础设施快速覆盖。同时，产业拉动效应显著，直接催生华为、阿里云等企业技术研发，间接刺激自动驾驶、远程医疗等新业态，绿色与协同发展实现突破。

然而，政策执行过程中仍存在一些问题，影响政策的协调性和有效性。例如半导体、工业软件等领域仍依赖进口，技术"卡脖子"风险依然存在；数据要素市场化改革与《网络安全法》《个人信息保护法》的平衡仍需探索；部分新基建项目商业模式尚未成熟，民间资本参与度较低；区域发展不平衡，东部应用需求与西部算力供给的协同仍需强化；数字鸿沟导致部分地区和群体的数字接入和使用困难；人才短缺制约产业发展、跨部门协作不足等。

未来的政策优化应注重以下三方面：一是构建分级管理机制，将政策考核类指标纳入国家及地方绩效考核体系，定期审查指标适用性；二是建立动态监测体系，结合机器学习技术实现指标的敏捷更新与跨域调度；三是推动绿色创新协同，将数字基建与区域碳减排目标耦合，通过数字金融创新优化绿色技术研发资源配置。通过持续优化这些政策措施，数字基础设施将在促进经济社会发展和推动数字经济高质量发展方面发挥更大作用。

第6章 长三角城市群数字基础设施水平测度与评价

随着全球大国间竞争日趋激烈,城市群在国际竞争合作中扮演着越来越重要的角色。作为引领中国经济高质量发展的先锋力量和国家重大区域战略的核心构成部分,长三角区域不仅要自身实现产业升级、创新发展和绿色转型,还将高质量发展的理念、技术和模式向周边地区乃至全国辐射扩散,支撑着中国经济的宏观架构。数字基础设施的建设能够依托信息技术创新的扩散效应、信息和知识的溢出效应,打破传统的带状布局,实现更大空间范围的扩散辐射,形成新的高密度数字区域。当前,长三角城市群数字基础设施建设水平存在差异,不同地区之间的数字鸿沟和发展不平衡问题日益凸显。运用熵权TOPSIS法测度长三角城市群数字基础设施发展水平,剖析数字鸿沟和发展不平衡问题的根源,有助于形成良好的联动效应,促进区域进一步拓展合作平台、丰富合作载体,为我国各省市的协调发展提供新模式。

6.1 研究对象与数据来源

6.1.1 研究对象

长三角城市群位于中国东部,长江河口的下游地带,濒临黄海与东海,该地区是由长江在数千年的冲积作用下形成的平原地带,是中国经济发展最为繁荣的地区之一。长三角的形成可以追溯到20

世纪 80 年代初期。1982 年，随着上海经济区的建立，包括上海、苏州、无锡在内的 10 个城市构成了区域发展的初始框架。到了 2003 年，该区域升级为更为人熟知的长三角，并迎来了南京、镇江、扬州等 6 个城市的加入。进入 2010 年，长三角进一步扩容，纳入了苏北的 5 个城市和浙南的 4 个城市，城市数量增至 25 个。2016 年的调整见证了徐州、淮安等 7 个城市的退出以及合肥、芜湖等 8 个城市的加入，从而形成了覆盖三省一市的新格局。2019 年发布的《长江三角洲区域一体化发展规划纲要》将苏、浙、皖、沪三省一市的 41 个城市全部纳入长三角，标志着全面一体化的新篇章。经过逾四十载的发展与多次扩张，长三角已然成长为我国规模最庞大、活力最旺盛的城市群之一，占地约 35.8 万平方公里，2023 年常住人口高达 2.2713 亿，创造了 23725.2 亿元的 GDP。在高质量发展理念的指导下，长三角取得了显著成就，成为国家经济增长的关键动力源。

6.1.2 数据来源

选择长三角地区 41 个城市为研究对象，指标数据主要来源于《中国城市统计年鉴》《中国城市建设统计年鉴》《上海统计年鉴》《江苏统计年鉴》《浙江统计年鉴》《安徽统计年鉴》以及各市统计年鉴和统计公报，时间跨度为 2014—2023 年。其中，个别缺失的数据依据指标的变化趋势采用插值法补齐。各城市的空间距离以其政府所在位置为中心，由 ArcGIS 软件计算得出。

6.2 评价指标体系构建

6.2.1 构建原则

在选择评价指标时，应当综合考虑数字基础设施的内涵逻辑、科学的评价方法以及长三角城市群的现实情况。因此，在构建数字基础设施评价指标体系时将重点考虑以下几个原则：

（1）科学性

科学的指标体系需要从概念上明确定义数字基础设施的内涵和外延，确保指标体系与数字基础设施的概念相一致。在评价体系确定过程中，基于前人对数字基础设施的理解，结合以往的研究成果和专家意见，选择相对稳定、科学的指标。

（2）综合性

指标体系应涵盖数字基础设施的多个方面，不仅限于物质基础设施的建设和维护，还要关注社会、经济、环境等非物质要素，以全面反映城市群数字基础设施的建设状况。在指标采集过程中，既要确保涵盖关键领域，又要避免重复指标。同时，指标和所处的维度之间要有明确的关联，以形成一个整体的评价框架。

（3）适用性

长三角全域包括三省一市共41个城市，各城市因地理位置、发育程度、资源和政策的倾斜等方面各具特色，其数字基础设施评价指标既有共性又有差异性，在对数据进行收集和整理时，选取各地区数字基础设施综合评价体系中的共性指标，构建适用于长三角地区的数字基础设施综合评价体系。

（4）可行性

数字基础设施指标体系的设计必须具有可行性，意味着指标的选择和设计应该考虑到数据来源和收集方式的可靠性、评价结果可比性等因素。指标的数据尽可能使用原始的第一手数据，数据可以通过统计年鉴、统计公报及普查资料等多种统计资源获取。

6.2.2 指标体系的构建与说明

目前，关于数字基础设施建设的测度研究主要集中于单指标测算与综合体系评价两个层面。一是单指标测度。钞小静等（2022）提出了一种基于政府工作报告文本挖掘的创新方法，通过收集中国各省市政府工作报告中有关数字基础设施建设的相关词频，利用Python软件汇总计算得到数字基础设施建设能力。康丽华（2025）则利用信息传输、软件和信息技术服务业投资流量的相关数据集，通过永续盘存法测度新型基础设施建设投资规模。二是综合体系评价。这是衡量数字基础设施发展状况的重要方式。Parminder等（2022）基于熵权法，从远距离光缆线路、移动电话交换机容量、工业机器人安装、互联网接入端口数量四个维度构建指标体系，综合测算数字基础设施建设指数。Tang和Yang（2023）利用建设程度、使用成本和覆盖率三个维度量化了中国数字基础设施的整体发展水平。另外，仍有一些文献以准自然实验的方法衡量数字基础设施建设能力。比如，郑玉（2023）、王琴等（2025）以"宽带中国"政策实施作为网络基础设施或数字基础设施建设的代理指标，利用外生政策冲击的形式从而达到因果检验目的。

为了更好地测度数字基础设施发展水平，结合第2章数字基础设施的分类，本书将从数字基础设施投入和产出两个方面，秉承全面化、客观化、独立性和可获得原则，选取合适的指标作为评价数字基础设施发展水平的主要指标，旨在全面评估长三角城市群数字基础设施的建设水平。

在数字基础设施投入层面，光缆密度是衡量通信网络覆盖范围的重要指标，也是区域网络覆盖广度和通信设施发达程度的重要体现，为数字化进程奠定了坚实的基础；提高光缆密度能够优化网络基础设施，为数据传输提供可靠支持，保障通信的稳定性和信息传输的速度。人均互联网宽带接入端口反映了宽带基础设施的普及程度和接入能力，直接关系到个人和企业用户对网络的接入需求，能够满足社会对高速互联网的依赖。相关从业人员数量表示信息产对劳动市场的吸纳能力,体现了数字经济发展对人力资源投入的依赖程度;比例越高,表明该地区的数字技术创新和产业化水平越高,数字基础设施的综合竞争力越强。

在数字基础设施产出层面,电信业务收入是衡量数字基础设施效能的重要指标,体现了电信行业对经济发展的直接贡献;较高的电信业务收入表明该地区的通信服务需求旺盛,数字经济活跃。移动电话普及率则反映了通信服务的社会覆盖面和便利性,其普及程度是衡量社会信息化和通信便利程度的重要标准;高普及率不仅提升了居民的生活质量,还推动了移动互联网技术的广泛应用。互联网普及率反映了宽带网络的渗透和使用情况,是衡量社会信息化水平的核心指标;普及率的提高意味着更多人享受到了互联网带来的便利和经济社会发展的数字红利,对数字经济的推动作用显著。具体指标体系见表6-1。

表6-1 数字基础设施测度指标体系

子系统	指标层	指标计算	属性
数字基础设施投入	光缆密度	长途光缆线路长度/行政区域面积	正
	人均互联网宽带接入端口	互联网宽带接入端口/总人口	正
	相关从业人员	信息传输、计算机服务和软件业城镇单位从业人员占比	正
数字基础设施产出	电信业务收入	电信业务总收入/总人口	正
	移动电话普及率	移动电话用户数/总人口	正
	互联网普及率	互联网宽带接入用户数/总人口	正

数据来源:各省份光缆线路长度和移动电话基站数量来源于各省份的统计年鉴,其余指标数据都来源于《中国城市统计年鉴》。

6.3 评价方法——熵权TOPSIS法

熵值法是根据指标统计数据中提供的信息量来确定其权重,熵值的大小可以反映其在指标体系中的重要程度,具有很强的客观性。TOPSIS法主要是根据原始数据构成的矩阵,计算目标解与理想解的相对贴近度,从而反映评估对象的优劣程度。采用赋权更为客观的改进熵权法和TOPSIS法相结合,有效避免了以往TOPSIS法确定权重的主观性,使评价结果更具说服力。

熵权TOPSIS法具体计算步骤如下:

(1) 熵权计算

采用改进的熵值法对评价指标赋予权重。

第一步,原始数据标准化:

$$y_{ij} = \frac{x_{ij} - \min(x_j)}{\max(x_j) - \min(x_j)} \tag{6-1}$$

$$y_{ij} = \frac{\max(x_j) - x_{ij}}{\max(x_j) - \min(x_j)} \tag{6-2}$$

式中,y_{ij}表示数据指标标准化后的值,x_{ij}表示j地区i指标的原始值。正向指标采用式(6-1),负向指标采用式(6-2)。

第二步,熵值计算:

$$e(y_j) = -\sum_{i=1}^{m}(y_{ij}\ln y_{ij}) \tag{6-3}$$

$$e_j = \frac{e(y_j)}{\ln m} \tag{6-4}$$

$$d_j = 1 - e_j \tag{6-5}$$

式中,m表示研究对象,n表示评价指标,$j=1,2,\cdots,m$;$i=1,2,\cdots,n$。

第三步,熵权求解:

$$w_j = \frac{d_j}{\sum_{i=1}^{n} d_i} \tag{6-6}$$

式中，$j=1, 2, \cdots, m$；$i=1, 2, \cdots, n$。

(2) 利用 TOPSIS 法计算指标与正负理想解的欧氏距离和贴近度

第一步，构建加权决策矩阵。

$$v=(v_{ij})_{m \times n} \begin{pmatrix} w_1y_{11} & w_2y_{12} & \cdots & w_ny_{1n} \\ w_1y_{21} & w_2y_{22} & \cdots & w_ny_{2n} \\ \vdots & \vdots & \vdots & \vdots \\ w_1y_{m1} & w_2y_{m2} & \cdots & w_ny_{mn} \end{pmatrix} \quad (6\text{-}7)$$

式中，w_j 为权重，y_{ij} 为标准化的数据。

第二步，计算正理想解和负理想解：

$$v^+ = \{\max(v_{ij}) \quad i=1, 2, \cdots, m\} \quad (6\text{-}8)$$

$$v^- = \{\min(v_{ij}) \quad i=1, 2, \cdots, m\} \quad (6\text{-}9)$$

第三步，计算距离：

$$\begin{cases} d_i^+ = \sqrt{\sum_{j=1}^{n}(v_{ij}-v_j^+)^2} \\ d_i^- = \sqrt{\sum_{j=1}^{n}(v_{ij}-v_j^-)^2} \end{cases}, \quad i=1, 2, \cdots, m \quad (6\text{-}10)$$

第四步，计算贴近度：

$$F_i = \frac{d_i^-}{d_i^+ + d_i^-}, \quad i=1, 2, \cdots, m \quad (6\text{-}11)$$

贴近度的大小可以在一定程度上反映出评价对象的优劣。F_i 值越大，表明数字基础设施发展水平越高；F_i 值越小，表明数字基础设施发展水平越低。

6.4 长三角城市群数字基础设施建设现状分析

6.4.1 光缆密度现状

选取2014年、2017年、2020年以及2023年的光缆密度数据进行分析。其中，2014年和2023年数据用于计算增长率，2017年和2020年数据用以观察期间变化趋势，全面分析长三角地区各城市的数字基础设施建设水平。

从整体上看，长三角地区各城市的光缆密度建设呈现出快速发展的趋势，但各城市的发展水平不一，较发达的城市维持着高水平，而欠发达城市则展现出更快的发展速度。从各城市的具体情况来看，上海市和苏州市在早期引领光缆建设行业，但后期发展速度相对较慢，年增长率分别为0.86%和15.01%。相比之下，一些前期发展较慢的城市，例如马鞍山市、池州市和阜阳市，在近年来发展迅速，年增长率分别达到52.67%、45.05%和40.82%。这表明，尽管像上海这样早期建设领先的发达城市光缆密度水平一直较高，但其年增长率却相对较低。这样的发展态势反映了长三角地区在信息化建设上的均衡与不平衡并存，部分城市在早期奠定了坚实的基础，而另一些城市则在近年来迅速追赶，见表6-2。

表6-2 长三角城市群光缆密度建设情况

（单位：公里/平方公里）

年份 城市	2014年	2017年	2020年	2023年	年增长率
上海市	0.8041	0.8407	0.7939	0.8682	0.86%
南京市	0.5091	0.4341	0.1035	2.0204	16.55%
无锡市	0.5731	0.4826	0.1040	1.9985	14.89%
徐州市	0.1356	0.1120	0.0276	0.5460	16.74%

第6章 长三角城市群数字基础设施水平测度与评价

（续）

年份 城市	2014年	2017年	2020年	2023年	年增长率
常州市	0.3825	0.3098	0.0749	1.4538	15.99%
苏州市	0.6369	0.4948	0.1152	2.2421	15.01%
南通市	0.1678	0.1349	0.0329	0.6410	16.06%
连云港市	0.1089	0.0889	0.0221	0.4387	16.75%
淮安市	0.0813	0.0674	0.0169	0.3355	17.06%
盐城市	0.0758	0.0627	0.0157	0.3113	16.99%
扬州市	0.1738	0.1399	0.0332	0.6495	15.77%
镇江市	0.2136	0.1703	0.0402	0.7832	15.53%
泰州市	0.1726	0.1440	0.0347	0.6791	16.44%
宿迁市	0.0966	0.0833	0.0219	0.4466	18.55%
杭州市	0.2307	0.1793	0.0413	0.9396	16.89%
宁波市	0.2762	0.1819	0.0381	0.8413	13.17%
温州市	0.2213	0.1435	0.0338	0.7502	14.53%
嘉兴市	0.4657	0.3093	0.0454	0.9915	8.76%
湖州市	0.1194	0.0956	0.0225	0.5078	17.45%
绍兴市	0.1514	0.0991	0.0225	0.5018	14.24%
金华市	0.1507	0.1041	0.0251	0.5655	15.82%
衢州市	0.0385	0.0289	0.0080	0.1732	18.20%
舟山市	0.2216	0.1441	0.0337	0.7441	14.41%
台州市	0.1671	0.1114	0.0250	0.5577	14.33%
丽水市	0.0236	0.0165	0.0038	0.0862	15.49%
合肥市	0.3831	0.3711	0.0574	1.5521	16.82%
芜湖市	0.2896	0.2847	0.0332	0.8880	13.26%
蚌埠市	0.1714	0.1972	0.0258	0.6902	16.74%
淮南市	0.3254	0.1684	0.0269	0.7471	9.67%
马鞍山市	0.0210	0.1924	0.0313	0.9451	52.67%
淮北市	0.2433	0.2107	0.0328	0.8918	15.53%
铜陵市	0.3133	0.1409	0.0225	0.6299	8.07%

（续）

年份 城市	2014年	2017年	2020年	2023年	年增长率
安庆市	0.0910	0.0832	0.0137	0.3786	17.16%
黄山市	0.0503	0.0470	0.0076	0.2003	16.59%
滁州市	0.1235	0.1470	0.0135	0.3733	13.08%
阜阳市	0.0460	0.0436	0.0333	1.0010	40.82%
宿州市	0.1238	0.1475	0.0215	0.6132	19.46%
六安市	0.0772	0.0770	0.0122	0.3229	17.24%
亳州市	0.1389	0.2050	0.0227	0.6461	18.63%
池州市	0.0080	0.0491	0.0081	0.2268	45.05%
宣城市	0.0766	0.0678	0.0110	0.3036	16.54%

6.4.2 人均互联网宽带接入端口现状

从整体趋势来看，长三角城市群的互联网宽带接入端口数量整体呈现出较为快速的发展，随着年份的增加，其发展水平不断增长，2023年已经实现了跨越式的增长。尤其是在一些前期起步较晚的城市，近年来增长势头更加突出。例如，上海市的人均互联网宽带接入端口发展起步相对较早，网络基础设施较为完善，但市场饱和度较高，近几年的增长率相比一些中小城市显得较为平缓。而南京市、无锡市等城市，在过去十年中年均增长率分别为23.84%与22.76%，这些城市的互联网基础设施建设不仅加快了普及速度，也为当地的数字经济发展提供了强大支撑。与这些城市类似，苏州市和常州市的年增长率也在22%以上，表明它们在信息化建设上的投入持续加大，带动了宽带接入端口的迅猛增长。特别值得注意的是，一些起步较晚的城市，如马鞍山市、池州市和阜阳市，在近年来展现出惊人的发展势头，年增长率分别达到68.80%、60.63%和55.81%。这些城市的快速增长表明长三角地区的信息化建设正在加速渗透，尤其是对于那些起步较晚的城市，随着宽带接入端口的建设和互联网普及速度显著提升，区域间的信息化差距逐渐缩小，见表6-3。

表 6-3 长三角城市群人均互联网宽带接入端口情况

(单位：个/人)

年份 城市	2014 年	2017 年	2020 年	2023 年	年均增长率
上海市	0.9762	1.2441	1.5732	1.5882	5.56%
南京市	0.4996	0.6362	0.1685	3.4231	23.84%
无锡市	0.5372	0.6863	0.1690	3.4015	22.76%
徐州市	0.1506	0.1922	0.0559	1.1761	25.66%
常州市	0.4384	0.5418	0.1507	3.0805	24.19%
苏州市	0.8061	0.9392	0.2401	4.8251	22.00%
南通市	0.2229	0.2822	0.0819	1.7013	25.34%
连云港市	0.1522	0.1924	0.0564	1.1863	25.63%
淮安市	0.1406	0.1825	0.0541	1.1437	26.23%
盐城市	0.1497	0.1948	0.0583	1.2299	26.36%
扬州市	0.2400	0.3037	0.0860	1.7928	25.04%
镇江市	0.2914	0.3656	0.1027	2.1288	24.73%
泰州市	0.1898	0.2500	0.0718	1.5003	25.82%
宿迁市	0.1370	0.1819	0.0562	1.2148	27.44%
杭州市	0.5469	0.7770	0.1906	4.2073	25.45%
宁波市	0.4750	0.5887	0.1360	2.9764	22.62%
温州市	0.3356	0.4137	0.1096	2.4157	24.52%
嘉兴市	0.5356	0.7221	0.1164	2.5063	18.70%
湖州市	0.2693	0.4119	0.1087	2.4390	27.74%
绍兴市	0.2894	0.3623	0.0927	2.0574	24.35%
金华市	0.3550	0.4613	0.1237	2.7679	25.63%
衢州市	0.1360	0.1953	0.0611	1.3235	28.76%
舟山市	0.3382	0.4267	0.1131	2.4948	24.86%
台州市	0.2694	0.3417	0.0921	2.0441	25.25%
丽水市	0.1571	0.2084	0.0545	1.2160	25.53%

(续)

年份城市	2014年	2017年	2020年	2023年	年均增长率
合肥市	0.2449	0.4220	0.0837	2.2135	27.71%
芜湖市	0.1807	0.3265	0.0508	1.3470	25.01%
蚌埠市	0.1094	0.2274	0.0394	1.0428	28.47%
淮南市	0.1375	0.1763	0.0378	1.0415	25.23%
马鞍山市	0.0149	0.2512	0.0552	1.6553	68.80%
淮北市	0.1233	0.1966	0.0408	1.0952	27.47%
铜陵市	0.2029	0.1819	0.0392	1.0918	20.56%
安庆市	0.0898	0.1566	0.0350	0.9559	30.05%
黄山市	0.1330	0.2271	0.0495	1.2885	28.70%
滁州市	0.1478	0.3231	0.0398	1.0935	24.91%
阜阳市	0.0170	0.0304	0.0310	0.9209	55.81%
宿州市	0.0762	0.1651	0.0324	0.9145	31.79%
六安市	0.0784	0.1454	0.0318	0.8303	29.97%
亳州市	0.0742	0.1982	0.0288	0.8074	30.36%
池州市	0.0164	0.1879	0.0419	1.1649	60.63%
宣城市	0.1341	0.2201	0.0484	1.3271	29.00%

6.4.3 相关从业人员现状

从整体来看，长三角地区大多数城市的信息传输、计算机服务和软件业城镇单位从业人员数量呈现增长趋势，显示出该区域经济活力的提升与产业结构的优化。在信息化和高科技产业的推动下，上海、杭州等城市吸引了大量高技能人才，相关从业人员数量显著增长。据统计，上海市从0.0370增至0.1467，年增长率为16.54%；杭州从0.0366增至0.1948，年增长率为20.40%。然而，也有部分城市的增速较慢或出现下降趋势。例如，扬州市的相关从业人员数量年均增长率为-8.83%；镇江和温州分别为-32.70%和-11.64%。各个城市的增速差异反映了其在产业发展和劳动力市场建设中的不同步伐,同时也表明该区域在经济发展和政策引导下,劳动力市场的多样化和均衡发展正不断推进,见表6-4。

表6-4 长三角城市群相关从业人员情况

年份 城市	2014年	2017年	2020年	2023年	年均增长率
上海市	0.0370	0.0486	0.0167	0.1467	16.54%
南京市	0.0647	0.0710	0.0624	0.1342	8.43%
无锡市	0.0200	0.0233	0.0839	0.0234	1.75%
徐州市	0.0084	0.0068	0.0235	0.0099	1.78%
常州市	0.0086	0.0094	0.0112	0.0147	6.08%
苏州市	0.0142	0.0143	0.0120	0.0323	9.56%
南通市	0.0050	0.0049	0.0182	0.0101	8.08%
连云港市	0.0120	0.0120	0.0053	0.0172	4.07%
淮安市	0.0181	0.0084	0.0093	0.0307	6.08%
盐城市	0.0078	0.0091	0.0133	0.0195	10.72%
扬州市	0.0098	0.0094	0.0164	0.0043	-8.83%
镇江市	0.0087	0.0095	0.0125	0.0002	-32.70%
泰州市	0.0067	0.0061	0.0085	0.0268	16.61%
宿迁市	0.0083	0.0094	0.0077	0.0266	13.81%
杭州市	0.0366	0.0561	0.0104	0.1948	20.40%
宁波市	0.0080	0.0149	0.0671	0.0122	4.77%
温州市	0.0056	0.0067	0.0092	0.0019	-11.64%
嘉兴市	0.0066	0.0070	0.0221	0.0108	5.61%
湖州市	0.0182	0.0085	0.0124	0.0020	-21.95%
绍兴市	0.0036	0.0041	0.0089	0.0035	-0.50%
金华市	0.0090	0.0109	0.0039	0.0176	7.79%
衢州市	0.0134	0.0152	0.0086	0.0375	12.08%
舟山市	0.0250	0.0131	0.0176	0.0049	-16.54%

(续)

年份 城市	2014年	2017年	2020年	2023年	年均增长率
台州市	0.0054	0.0055	0.0134	0.0057	0.67%
丽水市	0.0163	0.0168	0.0065	0.0317	7.66%
合肥市	0.0199	0.0264	0.0150	0.0816	17.01%
芜湖市	0.0080	0.0089	0.0324	0.0065	－2.27%
蚌埠市	0.0092	0.0085	0.0116	0.0050	－6.59%
淮南市	0.0043	0.0058	0.0090	0.0035	－2.17%
马鞍山市	0.0151	0.0163	0.0069	0.0465	13.28%
淮北市	0.0080	0.0102	0.0181	0.0015	－17.00%
铜陵市	0.0057	0.0076	0.0118	0.0046	－2.47%
安庆市	0.0170	0.0163	0.0085	0.0211	2.44%
黄山市	0.0175	0.0169	0.0123	0.0220	2.54%
滁州市	0.0200	0.0096	0.0155	0.0082	－9.47%
阜阳市	0.0111	0.0099	0.0086	0.0099	－1.23%
宿州市	0.0119	0.0165	0.0087	0.0144	2.11%
六安市	0.0181	0.0133	0.0104	0.1293	24.40%
亳州市	0.0117	0.0100	0.0090	0.0092	－2.65%
池州市	0.0138	0.0143	0.0523	0.0120	－1.48%
宣城市	0.0166	0.0157	0.0096	0.0127	－2.95%

6.4.4 电信业务收入现状

近年来，长三角地区大多数城市的电信业务收入呈现增长态势，反映出区域经济的持续发展和信息化进程的加快。徐州、无锡、南京等城市的电信业务收入年均增长率较为稳定，分别为4.86%、1.70%和2.76%。苏州、常州、南通等城市的增长也较为显著，分别达到了1.04%、3.15%和4.39%。然而，也有个别城市的电信业务收入出现下降趋势。例如，上海、宁波、嘉兴、铜陵的年均增长率均为负值，分别为-0.28%、-0.30%、-3.77%和-3.41%。电信业务收入年均增速放缓或下降与市场饱和、产业结构变化或其他因素有关。值得注意的是，一些中小城市如池州市和阜阳市则表现出强劲的增长势头，年均增长率分别为28.69%和26.05%。此外，马鞍山、宿迁等城市也出现了较高的增长率，分别为36.73%和6.78%。总体而言，长三角各城市在电信业务收入的表现上存在一定差异，部分大城市面临增长放缓的挑战，而一些中小城市则通过加大投资和转型升级实现了较高的增速，反映了区域经济多样化发展的特点，见表6-5。

表6-5 长三角城市群电信业务收入情况

(单位：元/人)

城市\年份	2014年	2017年	2020年	2023年	年均增长率
上海市	4149.5100	3904.4674	3984.8394	4047.8451	-0.28%
南京市	1884.2655	2012.7606	2143.2688	2407.2862	2.76%
无锡市	2026.0323	2171.2475	2149.2122	2358.5818	1.70%
徐州市	567.9775	607.9548	711.0925	870.6304	4.86%
常州市	1653.6462	1714.0422	1916.9764	2186.5740	3.15%
苏州市	3040.1921	2971.5572	3053.8744	3336.8087	1.04%
南通市	840.5367	892.8181	1041.3808	1237.3764	4.39%
连云港市	573.9107	608.5741	717.0419	878.5995	4.85%
淮安市	530.2231	577.5152	687.9847	852.6385	5.42%
盐城市	564.7773	616.3656	741.2204	914.5119	5.50%
扬州市	905.2049	960.6978	1094.1280	1309.6892	4.19%
镇江市	1098.9893	1156.6162	1305.6264	1544.0354	3.85%
泰州市	715.8741	791.0535	913.4776	1099.7059	4.89%
宿迁市	516.6299	575.5685	715.0690	932.6733	6.78%
杭州市	2376.1176	2555.4164	2626.0823	2879.1510	2.16%
宁波市	2063.6571	1936.2479	1873.8953	2008.6418	-0.30%
温州市	1458.0251	1360.5964	1509.5577	1650.0726	1.38%

(续)

年份 城市	2014年	2017年	2020年	2023年	年均增长率
嘉兴市	2327.3025	2375.1011	1603.7179	1646.4206	-3.77%
湖州市	1170.1782	1354.6165	1497.6131	1712.0734	4.32%
绍兴市	1257.4560	1191.4888	1277.5326	1419.4506	1.36%
金华市	1542.5679	1517.3601	1704.0143	1935.2099	2.55%
衢州市	591.1146	642.3488	841.6956	878.4852	4.50%
舟山市	1469.5692	1403.5258	1558.4557	1704.9981	1.66%
台州市	1170.4237	1123.8477	1269.4469	1410.0473	2.09%
丽水市	682.5141	685.3494	751.0416	845.9989	2.41%
合肥市	1143.7991	1222.2342	1193.2827	1301.4959	1.45%
芜湖市	843.9532	945.5799	724.7955	794.4173	-0.67%
蚌埠市	511.0375	658.6509	562.3663	612.7605	2.04%
淮南市	642.3090	510.6692	538.6843	652.9824	0.18%
马鞍山市	69.4938	727.6070	787.2107	1160.7292	36.73%
淮北市	575.8430	569.2304	581.3065	660.1803	1.53%
铜陵市	947.9133	526.9006	559.4998	693.7894	-3.41%
安庆市	419.6457	453.5085	498.9131	591.2434	3.88%
黄山市	621.2796	657.7635	705.4958	738.1643	1.93%
滁州市	690.2113	935.5991	567.1640	682.6928	-0.12%
阜阳市	79.4874	88.1206	442.0653	638.4333	26.05%
宿州市	356.1404	477.9954	461.9584	593.0842	5.83%
六安市	366.4289	420.9456	453.1762	478.2448	3.00%
亳州市	346.7844	573.8533	410.3442	519.1233	4.58%
池州市	76.4259	544.2284	597.0539	740.0465	28.69%
宣城市	626.4725	637.4536	690.1824	825.2360	3.11%

6.4.5 移动电话普及率现状

随着信息化水平的逐步提升和居民生活质量的逐步改善，长三

第6章 长三角城市群数字基础设施水平测度与评价

角地区大多数城市移动电话普及率持续上升，尤其是中小城市，普及率增长速度较快。如徐州市、南通市、连云港市和宿迁市等城市，年均增长率均超过7%。其中，徐州市的年增长率达到7.61%，南通市为7.10%，连云港市为7.50%，宿迁市为8.34%。这些城市可能通过加大信息化基础设施建设，推动了当地移动通信业务的快速发展。此外，合肥市、芜湖市、马鞍山市等城市的普及率年增长率也表现突出，分别为6.68%、8.04%和8.35%，反映出这些地区在推动移动电话普及方面取得了显著进展。然而，也有一些城市的增长相对较为缓慢，尽管移动电话普及率在整体上有所提升，但年增长率较低。例如，丽水市、绍兴市和温州市的年增长率分别为0.67%、2.38%和2.53%，这些城市的移动电话普及面临一定的饱和状态或市场竞争激烈的挑战。综上所述，长三角各城市在2014至2023年间的移动电话普及率呈现出明显的增长趋势，尤其是中小城市和部分区域经济增长较快的城市，其普及率的提升幅度较大，充分体现了信息化在推动地方经济发展中的重要作用，见表6-6。

表6-6 长三角城市群移动电话普及率

年份 城市	2014年	2017年	2020年	2023年	年均增长率
上海市	0.2289	0.2267	0.2913	0.3504	4.84%
南京市	0.1606	0.1651	0.1952	0.2301	4.08%
无锡市	0.1746	0.1785	0.2094	0.2435	3.77%
徐州市	0.0734	0.0781	0.1036	0.1419	7.61%
常州市	0.1411	0.1549	0.1845	0.2223	5.18%
苏州市	0.2222	0.2310	0.2677	0.3056	3.61%
南通市	0.0840	0.0952	0.1218	0.1557	7.10%
连云港市	0.0697	0.0767	0.0985	0.1336	7.50%
淮安市	0.0671	0.0734	0.0981	0.1380	8.34%

(续)

年份 城市	2014 年	2017 年	2020 年	2023 年	年均增长率
盐城市	0.0688	0.0764	0.0936	0.1226	6.63%
扬州市	0.0915	0.1007	0.1262	0.1637	6.68%
镇江市	0.1165	0.1199	0.1481	0.1827	5.12%
泰州市	0.0753	0.0855	0.1076	0.1400	7.13%
宿迁市	0.0647	0.0701	0.0946	0.1332	8.34%
杭州市	0.2182	0.2286	0.2402	0.2772	2.70%
宁波市	0.2170	0.2042	0.2387	0.2879	3.19%
温州市	0.1368	0.1412	0.1523	0.1713	2.53%
嘉兴市	0.1767	0.1775	0.2038	0.2359	3.27%
湖州市	0.1452	0.1665	0.1853	0.2258	5.03%
绍兴市	0.1562	0.1980	0.1592	0.1930	2.38%
金华市	0.1932	0.2119	0.2081	0.2561	3.18%
衢州市	0.1095	0.0922	0.1021	0.1253	1.51%
舟山市	0.1672	0.1845	0.1916	0.2306	3.64%
台州市	0.1271	0.1368	0.1678	0.1979	5.04%
丽水市	0.1088	0.0996	0.1018	0.1155	0.67%
合肥市	0.1097	0.1180	0.1497	0.1963	6.68%
芜湖市	0.0796	0.0897	0.1148	0.1596	8.04%
蚌埠市	0.0658	0.0701	0.0865	0.1130	6.21%
淮南市	0.0703	0.0626	0.0806	0.1071	4.80%
马鞍山市	0.0779	0.0821	0.1172	0.1604	8.35%
淮北市	0.0804	0.0829	0.0997	0.1319	5.66%
铜陵市	0.0962	0.0743	0.0857	0.1140	1.90%
安庆市	0.0673	0.0701	0.0817	0.1075	5.33%
黄山市	0.0738	0.0838	0.1093	0.1445	7.75%
滁州市	0.0661	0.0784	0.0894	0.1219	7.04%
阜阳市	0.0380	0.0577	0.0709	0.0989	11.20%
宿州市	0.0760	0.0623	0.0816	0.1137	4.58%

(续)

年份 城市	2014年	2017年	2020年	2023年	年均增长率
六安市	0.0440	0.0587	0.0723	0.0927	8.63%
亳州市	0.0460	0.0596	0.0707	0.0989	8.87%
池州市	0.0685	0.0747	0.0990	0.1353	7.86%
宣城市	0.0708	0.0807	0.1025	0.1334	7.30%

6.4.6 互联网普及率现状

近年来，长三角各城市的互联网普及率数据整体呈现出显著增长的趋势，尤其在一些中小城市，年均增长率较为突出，反映出长三角区域信息化建设的加速推进。首先，徐州市、南通市、连云港市和宿迁市等城市的互联网普及率年均增长率较高，分别为22.23%、22.09%、19.92%和26.83%。这些城市通过加大基础设施建设力度、推动数字经济发展和提升居民的数字化能力，迅速实现了互联网普及的飞跃。与此同时，盐城市、淮安市、合肥市和安庆市的互联网普及率年均增长率均超过了20%。这表明这些城市通过政策推动、企业投入和数字服务的普及，成功提高了互联网的普及率。

在一些经济较为发达的城市，如杭州市、宁波市和温州市，尽管互联网普及率有所提高，但年均增长率相对较低，分别为9.82%、9.14%和9.17%。这些城市的基础设施已经相对完善，互联网普及接近饱和，因此增速较为平稳。总体而言，长三角大部分城市的互联网普及率呈现出快速增长的态势，尤其是中小城市，年增长率更加突出。这反映出信息化建设的广泛推动、数字化转型的加速以及基础设施建设的完善，极大促进了该地区的经济发展和居民生活质量的提升，见表6-7。

表6-7 长三角城市群互联网普及率

年份 城市	2014年	2017年	2020年	2023年	年均增长率
上海市	0.4671	0.4680	0.5996	0.5812	2.46%
南京市	0.3499	0.6711	0.8712	1.2692	15.39%
无锡市	0.3207	0.6045	0.9009	1.2994	16.82%
徐州市	0.1055	0.2589	0.3922	0.6424	22.23%
常州市	0.3174	0.6121	0.8060	1.2303	16.25%
苏州市	0.4477	0.8915	1.0669	1.5704	14.96%
南通市	0.1681	0.3796	0.5812	1.0132	22.09%
连云港市	0.1292	0.2739	0.3996	0.6625	19.92%
淮安市	0.1053	0.2602	0.3946	0.6723	22.87%
盐城市	0.1110	0.2688	0.4297	0.7534	23.71%
扬州市	0.1799	0.4022	0.4656	0.6753	15.83%
镇江市	0.2279	0.5055	0.7129	1.1152	19.30%
泰州市	0.1475	0.3465	0.5070	0.8615	21.67%
宿迁市	0.0947	0.2318	0.4043	0.8044	26.83%
杭州市	0.3898	0.6751	0.7167	0.9059	9.82%
宁波市	0.4813	0.6432	0.7827	1.0577	9.14%
温州市	0.3208	0.4424	0.5377	0.7063	9.17%
嘉兴市	0.4079	0.4916	0.5695	0.7550	7.08%
湖州市	0.3336	0.5940	0.9095	1.4412	17.66%
绍兴市	0.3476	0.4507	0.5549	0.7972	9.66%
金华市	0.4104	0.5226	0.7288	1.1131	11.72%
衢州市	0.1995	0.3256	0.3877	0.5467	11.86%
舟山市	1.3333	0.5361	0.6468	0.8802	−4.51%
台州市	0.2814	0.3742	0.4736	0.6672	10.07%
丽水市	0.1919	0.2862	0.4226	0.6215	13.95%
合肥市	0.1557	0.3472	0.5467	0.8909	21.38%
芜湖市	0.1638	0.2371	0.4126	0.6502	16.55%
蚌埠市	0.1105	0.1811	0.2785	0.4194	15.98%

第6章 长三角城市群数字基础设施水平测度与评价

（续）

年份 城市	2014年	2017年	2020年	2023年	年均增长率
淮南市	0.1520	0.1744	0.2733	0.4604	13.10%
马鞍山市	0.1673	0.2445	0.4078	0.6680	16.63%
淮北市	0.1626	0.2396	0.3811	0.6618	16.88%
铜陵市	0.2439	0.4795	0.3181	0.5172	8.71%
安庆市	0.0870	0.1657	0.2866	0.4698	20.61%
黄山市	0.1490	0.2297	0.4328	0.7140	19.02%
滁州市	0.1157	0.1916	0.3168	0.5275	18.37%
阜阳市	0.0571	0.1308	0.2385	0.4466	25.68%
宿州市	0.1495	0.1509	0.2794	0.4968	14.28%
六安市	0.0514	0.1190	0.2428	0.4313	26.67%
亳州市	0.0552	0.1367	0.2331	0.4054	24.81%
池州市	0.1183	0.2160	0.3763	0.6516	20.87%
宣城市	0.1287	0.2250	0.3838	0.6662	20.05%

6.5 测算结果与分析

选取长三角地区41个城市2014—2023年的面板数据，运用熵值TOPSIS法测算出各城市数字基础设施建设水平的综合指数。结果见表6-8，如图6-1所示。综合指数的值越大，表明该地区的数字基础设施发展水平越高；相反，指数值越小，表明此地区数字基础设施发展水平越低。

表6-8 2014—2023年长三角城市群数字基础设施综合指数

年份 城市	2014	2015	2016	2017	2018	2019	2020	2021	2022	2023	均值
上海市	0.3376	0.3317	0.3505	0.3594	0.3503	0.3651	0.3657	0.3953	0.4325	0.4941	0.3782
南京市	0.2380	0.2315	0.2929	0.2566	0.2427	0.2414	0.2215	0.3684	0.5605	0.7464	0.3400

(续)

年份 城市	2014	2015	2016	2017	2018	2019	2020	2021	2022	2023	均值
无锡市	0.2124	0.1929	0.2585	0.2224	0.1826	0.1827	0.2508	0.3164	0.4765	0.6100	0.2905
徐州市	0.0554	0.0495	0.0694	0.0622	0.0597	0.0661	0.0890	0.1145	0.1681	0.2256	0.0960
常州市	0.1568	0.1447	0.1954	0.1710	0.1537	0.1538	0.1663	0.2645	0.3973	0.5237	0.2327
苏州市	0.2676	0.2421	0.3190	0.2738	0.2313	0.2270	0.2358	0.3879	0.5769	0.7018	0.3463
南通市	0.0734	0.0677	0.0934	0.0881	0.0822	0.0900	0.1114	0.1552	0.2255	0.2999	0.1287
连云港	0.0550	0.0510	0.0664	0.0646	0.0586	0.0631	0.0724	0.1093	0.1600	0.2146	0.0915
淮安市	0.0574	0.0428	0.0573	0.0567	0.0582	0.0643	0.0731	0.1025	0.1524	0.2091	0.0874
盐城市	0.0459	0.0441	0.0587	0.0599	0.0609	0.0715	0.0790	0.1127	0.1584	0.2078	0.0899
扬州市	0.0816	0.0768	0.1028	0.0962	0.0883	0.0913	0.1035	0.1497	0.2189	0.2923	0.1301
镇江市	0.1026	0.0964	0.1262	0.1191	0.1089	0.1172	0.1327	0.1899	0.2705	0.3545	0.1618
泰州市	0.0672	0.0609	0.0860	0.0806	0.0718	0.0786	0.0917	0.1436	0.2144	0.2896	0.1185
宿迁市	0.0453	0.0425	0.0582	0.0560	0.0533	0.0603	0.0727	0.1163	0.1724	0.2319	0.0909
杭州市	0.2055	0.2181	0.2600	0.2474	0.2271	0.2270	0.1944	0.3299	0.5145	0.6748	0.3099
宁波市	0.1840	0.1808	0.2023	0.1844	0.1719	0.1682	0.2237	0.2442	0.3416	0.4419	0.2343
温州市	0.1240	0.1236	0.1418	0.1251	0.1208	0.1178	0.1243	0.1810	0.2668	0.3559	0.1681
嘉兴市	0.2009	0.1858	0.2361	0.1956	0.1459	0.1412	0.1536	0.2123	0.3098	0.4088	0.2190
湖州市	0.1143	0.1225	0.1372	0.1400	0.1477	0.1454	0.1628	0.2166	0.2901	0.3666	0.1843
绍兴市	0.1169	0.1157	0.1360	0.1360	0.1183	0.1100	0.1210	0.1647	0.2320	0.3044	0.1555
金华市	0.1448	0.1456	0.1642	0.1585	0.1792	0.1469	0.1585	0.2195	0.3062	0.3971	0.2021
衢州市	0.0672	0.0746	0.0684	0.0731	0.0738	0.0833	0.0771	0.1091	0.1553	0.2057	0.0988
舟山市	0.2160	0.2259	0.1652	0.1490	0.1376	0.1385	0.1498	0.2052	0.2889	0.3769	0.2053
台州市	0.1025	0.0992	0.1182	0.1074	0.1093	0.1098	0.1206	0.1631	0.2321	0.3066	0.1469
丽水市	0.0718	0.0723	0.0800	0.0756	0.0741	0.0765	0.0768	0.1043	0.1442	0.1880	0.0963
合肥市	0.1321	0.1339	0.1799	0.1514	0.1220	0.1212	0.1193	0.2311	0.3777	0.5235	0.2092
芜湖市	0.0928	0.0935	0.1579	0.1046	0.0722	0.0734	0.1056	0.1367	0.2130	0.2913	0.1341
蚌埠市	0.0577	0.0554	0.0800	0.0725	0.0515	0.0496	0.0584	0.0992	0.1595	0.2220	0.0906
淮南市	0.0914	0.0809	0.1258	0.0587	0.0446	0.0438	0.0532	0.1004	0.1659	0.2324	0.0997
马鞍山	0.0465	0.0448	0.1002	0.0857	0.0751	0.0761	0.0821	0.1538	0.2507	0.3513	0.1266

第 6 章　长三角城市群数字基础设施水平测度与评价

（续）

年份 城市	2014	2015	2016	2017	2018	2019	2020	2021	2022	2023	均值
淮北市	0.0768	0.0675	0.0953	0.0780	0.0609	0.0621	0.0782	0.1260	0.1975	0.2705	0.1113
铜陵市	0.1052	0.1007	0.0702	0.0823	0.0490	0.0499	0.0614	0.1007	0.1586	0.2192	0.0997
安庆市	0.0525	0.0540	0.0600	0.0564	0.0517	0.0485	0.0530	0.0841	0.1278	0.1746	0.0763
黄山市	0.0591	0.0611	0.0701	0.0688	0.0707	0.0736	0.0822	0.1132	0.1563	0.2033	0.0958
滁州市	0.0689	0.0665	0.1130	0.0804	0.1505	0.0504	0.0662	0.0905	0.1333	0.1837	0.1004
阜阳市	0.0276	0.0291	0.0315	0.0296	0.0375	0.0360	0.0448	0.1112	0.1932	0.2728	0.0813
宿州市	0.0523	0.0600	0.0659	0.0631	0.0504	0.0459	0.0518	0.0929	0.1490	0.2073	0.0839
六安市	0.0485	0.0337	0.0461	0.0461	0.0417	0.0411	0.0469	0.1282	0.2166	0.2995	0.0949
亳州市	0.0465	0.0627	0.1099	0.0686	0.0403	0.0362	0.0434	0.0847	0.1408	0.1982	0.0831
池州市	0.0374	0.0509	0.0607	0.0581	0.0591	0.0616	0.1293	0.1006	0.1409	0.1848	0.0883
宣城市	0.0584	0.0624	0.0723	0.0667	0.0649	0.0652	0.0736	0.1073	0.1553	0.2069	0.0933

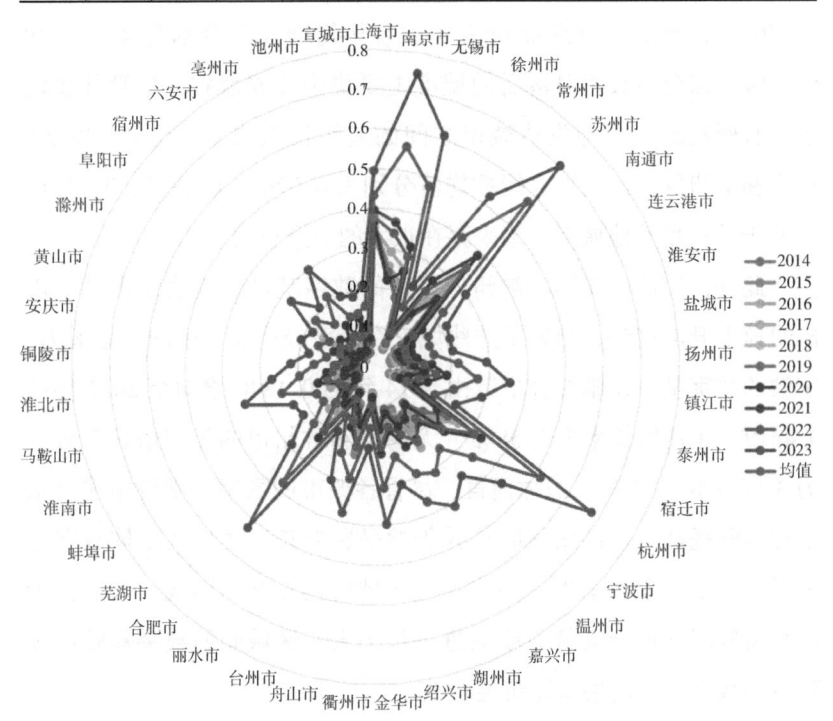

图 6-1　长三角城市群数字基础设施建设发展水平趋势雷达图

可以看出，长三角地区大部分城市数字基础设施建设水平在研究期内整体呈现持续提升的增长趋势，这与近年来国家开始全方位、多领域加强数字基础设施建设密不可分。值得注意的是，在"十三五"规划正式提出数字经济指标后，长三角数字基础设施发展不断提速。但不同城市之间的差异依然显著，区域之间呈现出明显的梯度分布，体现了不同城市在经济发展、政策支持、技术创新和产业集聚等方面的差异。而且随着时间的推移，这种差异表现出逐渐收敛的趋势。

具体来看，上海、苏州、南京、杭州等发达城市在数字基础设施建设方面持续领先，显示出较高的稳定性和发展水平。上海市的综合指数由2014年的0.3376上升到2023年的0.4941，年增长率为1.57%；苏州市和南京市的综合指数年均增长率分别为4.34%和5.08%。综合指数相对落后的城市主要集中在安徽省，尽管其建设水平有所提升，但与发达城市之间的差距仍然明显。比如，安庆、阜阳和亳州等城市的综合指数均值分别为0.0763、0.0813、0.0831，远低于长三角其他城市，未来存在很大的上升空间。

此外，宁波、无锡、常州等城市的数字基础设施建设水平表现出快速上升的趋势，凸显了这些城市在数字经济浪潮中的崛起潜力。宁波的数字基础设施综合指数由2014年的0.1840增加至2023年的0.4419，年均增长率为2.58%，无锡市和常州市的年均增长率分别为3.98%和3.67%。总体而言，尽管各城市的数字基础设施建设水平在不断提高，但区域间的差异仍然是影响长三角地区整体数字化进程的重要因素，亟需进一步关注区域协调发展的问题。未来，随着政策倾斜和资金支持力度的进一步加大，区域间的数字基础设施建设和数字经济发展差距将逐步缩小。

第 7 章　长三角城市群数字基础建设的差异特征分析

长三角城市群作为中国最具发展潜力和经济活力的区域之一，数字基础设施建设在取得显著成就的同时，内部也存在着一定的区域差距，大城市的 5G 网络覆盖、宽带速度等方面明显优于中小城市。上海、杭州等城市在数字经济、智慧城市建设方面处于领先地位，信息技术的应用广泛，为城市的发展提供了强大的动力。而一些中小城市的信息基础设施建设相对滞后，数字化程度较低，制约了城市的信息化发展和产业升级。因此，在全面评估长三角城市群数字基础设施建设水平后，开展时空差异分析至关重要。通过解析长三角地区区域间、区域内及总体差异，旨在揭示各城市在数字化进程中的空间格局与时间演变规律，为长三角区域一体化均衡发展提供实证依据。

7.1　时空差异特征分析

Dagum 基尼系数作为一种精细化测度区域差异的重要工具，广泛应用于社会经济领域分布不均衡性分析。相较于传统基尼系数，Dagum 基尼系数不仅能够测量总体不均衡程度，还能分解区域内与区域间的差异贡献率，揭示不均衡的来源与结构特征。这是因为 Dagum 基尼系数能够通过对不同时空区域之间的收入或发展水平差异进行量化分析，能够细致区分出区域内不平衡、区域间不平衡以及超变密度等多种影响因素。因此本书利用该方法来对数字基础设施建设水平的时空差异进行系统分析。具体公式如下所示。

$$G = G_t + G_w + G_b \tag{7-1}$$

$$G_b = \frac{1}{2Q} \sum_{k=1}^{m} \sum_{l=1}^{m} S_k S_l |Q_k - Q_l| \tag{7-2}$$

$$G_w = \sum_{k=1}^{m} \frac{n_k^2}{n^2} G_k \tag{7-3}$$

式中，G 为总基尼系数，G_k 是第 k 个区域的基尼系数，n_k 是第 k 个区域的样本数量，n 是总样本数量，m 表示研究范围内划分的区域（或分组）总数。上面公式表示对所有区域进行统计，以计算区域间或区域内的差异贡献率。S_k 和 S_l 为第 k 和第 l 个区域的样本比例，Q_k 和 Q_l 为第 k 和第 l 个地区的均值。

在全面评估数字基础设施建设水平后，开展时空差异分析至关重要。通过解析区域间、区域内及总体差异，本节旨在揭示各城市在数字化进程中的空间格局与时间演变规律，为区域均衡发展提供实证依据。长三角地区三省一市 10 年间的总体区域差异、子群间区域差异以及子群内部差异分析见表 7-1 ~ 表 7-3。

表 7-1　长三角地区三省一市 2014—2023 年总体区域差异分析

年份	总体差异	区域内差异	区域间差异	超变密度贡献
2014	0.3439	0.0766	0.2015	0.0658
2015	0.3422	0.0748	0.2044	0.0630
2016	0.3211	0.0802	0.1526	0.0883
2017	0.3187	0.0697	0.1862	0.0629
2018	0.3268	0.0692	0.2015	0.0561
2019	0.3245	0.0614	0.1861	0.0447
2020	0.2981	0.0619	0.1861	0.0502
2021	0.2620	0.0599	0.1393	0.0628

第 7 章 长三角城市群数字基础建设的差异特征分析

（续）

年份	总体差异	区域内差异	区域间差异	超变密度贡献
2022	0.2500	0.0640	0.1138	0.0722
2023	0.2372	0.0634	0.0984	0.0753
均值	0.3024	0.0681	0.1670	0.0641

表 7-2 长三角地区三省一市子群间差异分析

年份	上海-江苏	上海-浙江	上海-安徽	江苏-浙江	江苏-安徽	浙江-安徽
2014	0.4116	0.5011	0.6735	0.3180	0.3831	0.3597
2015	0.3999	0.5250	0.6678	0.3299	0.3822	0.3463
2016	0.3856	0.4372	0.5916	0.3121	0.3163	0.3465
2017	0.4258	0.4881	0.6616	0.2932	0.3477	0.3346
2018	0.4381	0.5164	0.6865	0.2794	0.3774	0.3421
2019	0.4655	0.5179	0.7241	0.2522	0.3965	0.3596
2020	0.4405	0.4733	0.6717	0.2351	0.3438	0.3308
2021	0.3383	0.3400	0.5454	0.2431	0.2818	0.2965
2022	0.2671	0.2348	0.4043	0.2512	0.2858	0.2572
2023	0.2407	0.1870	0.3283	0.2426	0.2698	0.2424
均值	0.3813	0.4221	0.5955	0.2757	0.3384	0.3216

表 7-3 长三角地区三省区域子群内部差异分析

年份	江苏	浙江	安徽
2014	0.2045	0.3515	0.2174
2015	0.2040	0.3585	0.2014
2016	0.2043	0.3501	0.2352
2017	0.1899	0.3261	0.1798
2018	0.1762	0.3064	0.2180
2019	0.1612	0.2804	0.1777
2020	0.1669	0.2578	0.1932
2021	0.1669	0.2694	0.1417

（续）

年份	江苏	浙江	安徽
2022	0.2755	0.1771	0.1557
2023	0.2642	0.1758	0.1607
均值	0.2013	0.2853	0.1881

在区域间差异方面，上海市与其他区域间的差异较为突出，特别是上海-安徽的差异系数平均值分别为0.5955，显示出上海市在数字基础设施建设中的明显领先地位，这主要得益于其经济优势和政策支持。尽管上海-江苏的差异系数较低，平均值为0.3813，但仍反映了上海市与江苏省之间的显著差距。相比之下，江苏-浙江、浙江-安徽的差异系数较小，分别为0.2757和0.3216，表明这些地区间的差异逐渐缩小，呈现出趋同趋势。总体来看，尽管三省一市之间仍有差距，但地区间的差距正在逐步缩小，为实现更均衡的区域发展奠定了基础。

在区域内差异方面，浙江省的内部差异高于其他两省，平均差异系数为0.2853，反映出浙江省城市间在数字基础设施建设水平上的不均衡性，可能源于经济发展水平和政策执行效果的差异。然而，浙江省内各城市间的发展差异在研究期间逐渐缩小，从2014年的0.3515下降至2023年的0.1758，表明浙江省各城市间的数字基础设施建设趋于均衡。相较之下，江苏省和安徽省的内部差异较小，平均值分别为0.2013和0.1881，显示出较为一致的发展水平，但这两个地区在2022年出现了小幅度上升，反映了某些城市的数字基础设施建设突破或滞后。总体而言，浙江省的差异最为显著但逐渐收敛，江苏省和安徽省内部差异相对较小且稳定。

为进一步分析区域差异的来源及其贡献率的变化趋势，绘制折线图如图7-1所示。

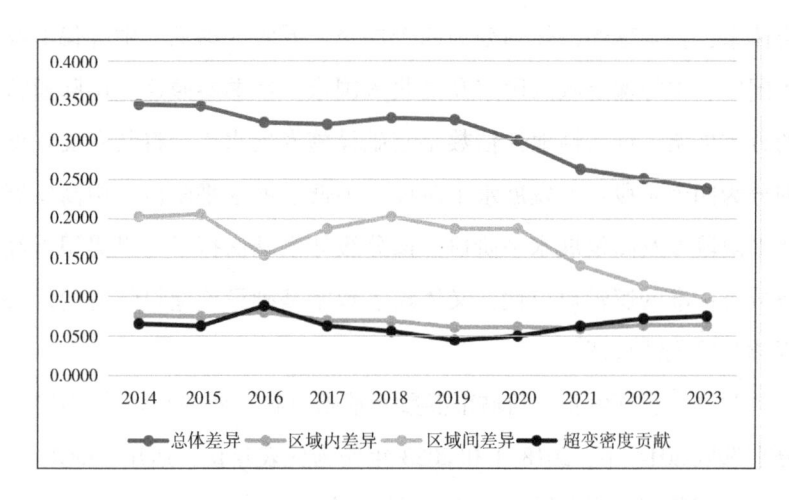

图 7-1 Dagum 基尼系数分解折线图

从总体差异系数的变化趋势可以看出，2014 年到 2023 年间，长三角地区的数字基础设施建设差异呈现出缩小趋势，系数从 2014 年的 0.3439 下降至 2023 年的 0.2372，表明区域间的数字化水平正在趋同，差距逐渐收敛。其次，区域内差异系数同样呈现下降趋势，说明各地区内部的数字基础设施建设差异有所缓解，区域内部的均衡发展得到了进一步的推进。此外，区域间差异作为总体差异的主要来源，其系数从 2014 年的 0.2015 下降至 2023 年的 0.0984，平均值为 0.1670，表明长三角地区三省一市之间的差距正在缩小，体现出国家促进区域协调发展的政策效应。超变密度贡献系数在研究期间内维持在较低水平而且较为稳定，表明极端值对总体差异的影响逐渐减弱，支持了区域内和区域间差异逐步缩小的结论。

7.2 空间分布特征分析

世界银行基于人均国民总收入指标构建的国家经济发展水平分

类体系，将全球经济体划分为四个层级：低收入国家、中等偏下收入国家、中等偏上收入国家和高收入国家。本书参照这一国际通行的分类框架，创新性地评估数字基础设施发展水平，将其发展程度划分为四个阶段：低发展水平阶段、中低发展水平阶段、中高发展水平阶段以及高发展水平阶段。该分级体系既保持了与世界银行经济分类标准的逻辑对应性，又体现了数字基础设施建设特有的发展规律与阶段性特征。

为进一步探索长三角城市群数字基础设施发展的空间分布特征，分别选取2014年、2018年和2023年作为代表年份，运用ArcGIS软件对数字基础设施发展水平进行可视化处理。

研究发现，2014年长三角城市数字基础设施水平整体偏低，尚处于起步阶段，城市各系统之间的协调发展不够完善，在空间上高值区城市呈"点"状分布。上海市、苏州市和南京市为高发展水平城市，杭州市、宁波市、嘉兴市为中高发展水平城市，其余为低、中低发展水平城市，共35个，占城市总数的85.36%。

2018年长三角城市数字基础设施建设水平有所提升，在空间上高值区城市呈"面"状分布。与2014年相比，高韧性水平城市增至4个，分别为上海市、苏州市、南京市和杭州市；中高发展水平城市增长为7个；中低发展水平城市数量接近城市总数的一半；而低发展水平城市则减至10个。说明数字基础设施建设取得了显著效果，数字化转型的发展理念已经逐渐深入到城市建设规划中。

2023年长三角城市数字基础设施建设水平已有了较大的提升，高、中高发展水平城市数量总和首次高于低、中低发展水平城市数量总和。高发展水平城市数量进一步增加，合肥、无锡成为高发展水平城市，中高发展水平城市数量为17个，占比41.46%；虽然低、中低发展水平城市仍然存在，但与 2014 年和 2018 年相比，数字基础设施发展水平大幅增长。此阶段中心城市的优势凸显，对周边城市的辐射带动能力不断加强，提升了长三角城市数字基础设施的韧性水平。

第8章 数字基础设施建设对长三角城市群经济韧性的影响

2020年11月，党的十九届五中全会通过《关于制定国民经济和社会发展第十四个五年规划和二〇三五年远景目标的建议》，首次提出要建设"韧性城市"，旨在提升现代城市风险防控能力。随后，党的二十大报告进一步明确"打造宜居、韧性、智慧城市"的城市建设目标。当前，世界百年未有之大变局加速演进，国际政治、经济、科技格局正经历着复杂变化，经济社会发展不稳定因素持续增加，导致市场运行脆弱性凸显，对城市经济系统产生了巨大冲击。因此，城市经济韧性关乎城市经济系统稳定与城市经济社会高质量发展，是建设韧性城市的根本所在。如何增强长三角城市群经济的发展韧性以应对日益增加的不确定性冲击，是新时期保持国家竞争力和实现经济高质量发展的必然要求。数字基础设施作为现代化基础设施的重要组成部分，已逐渐成为保持经济平稳运行、促进经济复苏回暖、提升地方经济韧性的有利因素。

8.1 "宽带中国"战略的事实背景

数字技术提供的动力加持对于经济发展具有重要的影响作用，国家通过加大政策扶持力度不断推动信息相关产业的发展。从全球范围看，宽带网络正推动信息化发展热潮，发展宽带网络成为抢占新时期国际经济、科技和产业竞争制高点的重要举措。为推动中国宽带网络建设，国务院于2013年正式发布《"宽带中国"战略及实施方案》。该方案明确了五项重点任务，包括推动区域宽带网络协调发展和加快宽带网络优化升级等。随后，工信部会同国家发展改革委于2014—2016年分批遴选共计117个"宽带中国"示范城市（群），并且要求这些入选地区在网络优化升级、网络产业链完善、网络应用水平等方面均达到国内领先水平，以推进互联网普及率及网络基础设施水平的提升。

截至2022年年末，我国互联网宽带接入端口数量达到10.7亿个，比2014年末净增6.6亿个，其中，光纤接入端口数量达到10.2亿个，占互联网接入端口的比重高达95.7%，我国已成为全球规模最大的固定宽带网络建设国家。可以预测，在目标驱动与政策倾斜的双重作用下，"宽带中国"示范地区与其他地区相比，数字基础设施运行效率及服务能力将显著提升，同时示范地区均衡分布在全国各经济板块，具有较好的代表性，这为评估数字基础设施的经济韧性效应提供了良好的准自然实验契机。因此，本书基于数字基础设施难以衡量的现实，将"宽带中国"战略视为数字基础设施的一次准自然实验，实证分析数字基础设施对长三角城市群经济韧性的影响，克服了实证过程中存在的内生性问题，对于深入推进数字基础设施赋能区域经济发展韧性具有重要的实践价值。

8.2 理论分析与假设提出

"宽带中国"战略推进了数字化基础设施建设的普及，而数字基础设施建设不仅是当前对冲经济下行压力的"特效药"，在长期经济发展过程中也具有强大的增长潜力。通过对既有文献和理论梳理，构建如下理论分析框架探讨数字基础设施建设对长三角城市群经济韧性的作用机制，如图 8-1 所示。

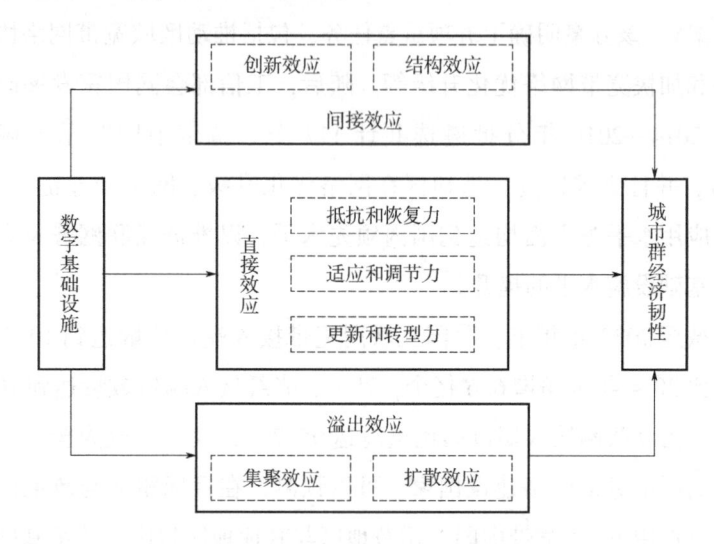

图 8-1　数字基础设施建设影响长三角城市群经济韧性的作用机制

8.2.1　数字基础设施对长三角城市群经济韧性的直接影响

经济韧性可被看作是长三角城市群经济系统在面对外部干扰时，通过优化资源配置、改善制度环境、提升创新能力等途径来实现区域经济系统的自我修复和恢复能力。经济韧性的提升是一个不断积累的过程，其形成机制包括对外部冲击的反应速度、自我恢复能力和外部支持力度等。无论是应对经济冲击的预防过程、抵御过程还是恢复过程，都离不开大数据收集、分析和应用。数字基础设施凭借强大的信息整合能力，可以赋能传统基建转型、促进新旧动能转化、创造更多社会需求，为数据要素进入生产流程提供了硬件保障，对促进长三角城市群经济发展、提高区域经济韧性具有直接影响。

首先，数字基础设施建设可以通过信息技术来对传统基础建设

第8章 数字基础设施建设对长三角城市群经济韧性的影响

进行数字化改造，进而提高传统基础设施的边际回报，优化传统基建投资结构。而改造过后的传统基础设施能够在拉动投资、促进就业的基础上推动经济长期稳定增长，增强经济体应对外部冲击的抵御能力。其次，数字基础设施建设能够带动互联网、大数据等新兴产业迅速崛起，促进经济发展焕发活力与动力，推动经济发展模式由资本、劳动要素驱动向知识与信息驱动的新经济形态转变，进而提高城市发展新路径的能力，提高城市经济韧性。数字基础设施建设带来的成熟效应可以创造更多的社会需求，为经济发展提供更多的空间。据此，提出如下假设：

假设1（H1）：数字基础设施能够通过赋能传统基建转型、促进新旧动能转化增强经济韧性。

8.2.2 数字基础设施对长三角城市群经济韧性的间接影响

数字基础设施建设是创新发展的"驱动力"，科技创新引领是提高经济韧性的基础保障。现有研究指出，信息是知识创新的重要源泉，要素投入和知识溢出是推动科技创新能力的核心因素。科技创新可以帮助经济系统保持连续的主动性以适应外部环境调整变化，同时减轻不确定冲击带来的诸多不利影响。数字基础设施建设可以依托数字网络和数字平台的高连接属性，有效打破信息交流的时空约束，减少信息摩擦和沟通交流的协调成本，以更高效的合作形式实现新技术的集群性突破。同时，创新要素的集聚可以优化要素配置效率，促进新产业发展，提高区域内部生产能力，增强城市经济面对冲击的抵御能力和恢复能力。此外，数字基础设施还可以为科技创新营造一种更为开放、包容和普惠的发展环境。据此，提出以下假设：

假设2（H2）：数字基础设施通过提高科技创新而驱动经济韧性提升。

数字基础设施为产业结构升级提供必要的技术条件。已有研究证实，产业结构是影响经济韧性最为重要的因素之一。一方面，数字基础设施带动了以信息为基础的新兴产业的快速发展，有助于传统产业产生全链条、全方位的颠覆性改造，推动生产、流通、消费各个环节生产关系的变革，引领传统产业向更高附加值方向升级。数字基础设施有益于工业机器人制造、数据资源与产权交易等新兴产业的发展，直接导致数字产业化水平的提升，为产业结构升级提供强大支撑。另一方面，产业结构的优化是城市经济韧性的支撑力量。数字基础设施所带来的产业体系有助于降低地理空间对分工主体的硬性约束，为产业提供更多价值收益以应对外部冲击的影响。同时，产业结构升级能够优化城市经济结构运行的内在效率，实现资源优化配置，长期来看为地方经济发展注入了新动力，从而正向作用于经济持续增长。基于以上分析，提出如下假设：

假设3（H3）：数字基础设施通过促进产业结构升级提升经济韧性。

8.2.3 数字基础设施对长三角城市群经济韧性的空间溢出

数字基础设施具有广泛互联的网络属性，可以打破数据等要素流动的时空限制，使得不同地区的终端用户实时共享信息、技术和管理经验，强化城市间的经济联系存在明显的空间溢出效应。一方面，按照新经济地理学的"中心—外围"理论，数字基础设施发展会强化发达城市的向心力，形成集聚效应。数字基础设施建设呈现显著异质性，不同区域间数字基础设施的供给质量和运行效率存在较大差距。伴随着数字基础设施的逐步完善，以互联网为代表的数字基础设施在应用过程中打破空间地理限制，存在较强的网络效应和规模效应，使得虚拟与现实世界二元协同发展。在数字基础设施相对完善的较发达城市，凭借良好的发展基础及规划可以形成典型发展案例，为其他区域建设数字基础设施提供先进学习经验。另一方面，数字基础设施能够打破信息壁垒，拓展市场边界和交易范围，将不同城市的经济活动连接为一个虚拟整体，不仅有助于生产要素在更大范围内自由流动和合理配置，还能通过信息传递和知识共享促进其他城市经济韧性发展。依靠数字基础设施构建的网络信息平台，知识要素、人才资源、资本效用的流动通过线上线下组合方式发挥作用，有效降低要素资源的空间运输成本，加速在不同区域的扩散效应，促进产业结构升级，并产生正向的外部溢出效应。此外，数字基础设施可以推动区域产业链的数字化转型，增强产业链各环节的互联互通性，这有助于提高跨区域产业链协作水平，从而对周边城市形成正面溢出效应。基于以上分析，提出如下假设：

假设 4（H4）：数字基础设施对经济韧性具有空间溢出效应。

8.3 研究设计

8.3.1 模型设定与指标选取

本书借鉴 Beck（2010）的研究思路，将"宽带中国"战略视为一项准自然实验，采用多期 DID 模型实证检验数字基础设施对长三角城市群经济韧性的影响。具体模型设定如下：

$$Co_{it} = \alpha_0 + \alpha_1 Policy_i \times Post_t + \beta Control_{it} + \mu_i + \eta_t + \varepsilon_{it} \quad (8-1)$$

式中，i 和 t 代表城市和年份。Co_{it} 为被解释变量，主要表征城市 i 在 t 年的经济韧性状况，借鉴已有研究成果，从抵抗与恢复能力、适应与调节能力、转型与发展能力三个维度构建经济韧性评价指标体系，见表 8-1。

表 8-1 长三角城市群经济韧性评价指标体系

一级指标	二级指标	三级指标	指标属性
抵抗与恢复能力	冲击抵御能力	人均 GDP（元）	正向
		出口额占 GDP 比重（%）	负向
	冲击吸收能力	人均粮食产量（千克）	正向
		居民人均存款（元）	正向
适应与调节能力	适应组织能力	地方财政收支比（%）	正向
		人均社会消费零售总额（元）	正向
	要素配置能力	金融机构贷存比（%）	负向
		人口城镇化率（%）	正向
转型与发展能力	科技进步能力	每万人拥有专利授权数量（项）	正向
		每万人中职及高中在校生人数（人）	正向
	现代发展能力	第三产业增加值占比（%）	正向
		互联网宽带普及率（%）	正向

核心解释变量 Policy$_i$ × Post$_t$ 为双重差分项，用"宽带中国"示范政策交互项来表示；若城市 i 在 t 年被确定为"宽带中国"示范城市，那么在当年及以后各年 Post 均取值为 1，否则取值为 0。Control$_{it}$ 为影响城市群经济韧性的一系列控制变量集合，包括第二产业增加值与第三产业增加值之比 Indus、地方财政一般预算内支出占地区生产总值的比重 Gov、年末金融机构人民币各项贷款余额与地区生产总值的比重 Fin、移动电话用户数与年末总人口的比值 Inf。μ_i 为城市固定效应；η_t 为年份固定效应；ε_{it} 为模型的随机误差项，为了控制模型中可能存在的自相关、异方差等问题，将标准误差聚类到城市层面。α_1 是本书关注的重点，代表数字基础设施对长三角城市群经济韧性的影响。表 8-2 显示上述主要变量的描述性统计结果。

表 8-2 主要变量的描述性统计结果

变量名	变量符号	样本数	均值	标准差	最小值	最大值
经济韧性	Co$_{it}$	36215	1.726	0.835	0.513	5.362
数字基础设施发展水平	Pocily	36215	0.309	0.407	0.000	1.000

第 8 章　数字基础设施建设对长三角城市群经济韧性的影响

（续）

变量名	变量符号	样本数	均值	标准差	最小值	最大值
产业结构	Indus	36215	3.268	0.968	0.186	9.964
政府干预	Gov	36215	0.241	0.218	0.067	1.631
金融发展	Fin	36215	7.593	1.371	0.253	12.732
信息化水平	Inf	36215	4.189	1.304	0.001	10.375

8.3.2　数据来源与典型事实特征

本书选取 2010—2024 年长三角地区 41 个城市作为研究对象，数据来源于历年《中国城市统计年鉴》。为了探索城市经济韧性与"宽带中国"试点政策之间的关系，本书将样本按照是否实施"宽带中国"政策分为两组，测算两组样本城市的经济韧性平均值，观察不同组别城市经济韧性时间趋势上的变化，如图 8-2 所示。不难发现，两组城市经济韧性平均值大于 1，整体表现为高韧性水平。两组城市经济韧性平均值伴随经济周期呈现波动，意味着在研究期间经济韧性具有显著的非平稳性。值得关注的是，在政策实施前，试点区域与非试点区域之间的经济韧性呈现相同的波动；在政策实施之后，试点区域与非试点区域之间的经济韧性差异逐渐变大，意味着政策实施对经济韧性产生了显著的影响。

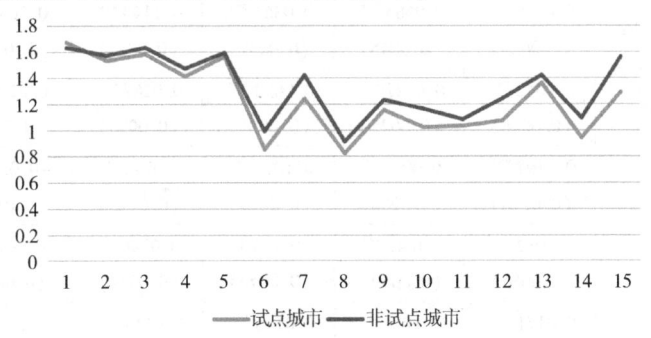

图 8-2　城市经济韧性与"宽带中国"试点政策的关系

8.4 回归结果分析

8.4.1 基准回归结果分析

本书采用双重渐进差分模型来评估以"宽带中国"试点政策为代表的数字基础设施建设对长三角城市群经济韧性的影响。其中,表8-3中 C_0 为未加入控制变量下的回归结果,C_{01}、C_{02}、C_{03}、C_{04}为依次加入控制变量的回归结果。不难发现,无论是否加入控制变量,试点政策的双重差分项对城市经济韧性的估计系数均显著为正,表明"宽带中国"试点政策有利于促进城市经济韧性的提升。以 C_{04} 回归结果为例,"宽带中国"试点政策对城市经济韧性的双重差分估计系数为 0.1037,且在 1% 水平上显著,表明试点政策的实施使得实验组城市相对于对照组城市,经济韧性提升 0.1037 个单位。由此,研究假设 1 得证。

表8-3 基准回归结果

变量	C_0 (1)	C_{01} (2)	C_{02} (3)	C_{03} (4)	C_{04} (5)
Pocily × Post	0.0378*** (0.0029)	0.0683*** (0.0045)	0.0361*** (0.0037)	0.1143*** (0.0067)	0.1037*** (0.0051)
Indus	0.0043*** (0.0016)	0.0127*** (0.0025)	0.0092*** (0.0031)	0.0267*** (0.0058)	0.0136*** (0.0049)
Gov	0.1192*** (0.0176)	0.0927** (0.0086)	0.1025*** (0.0049)	0.0742*** (0.0116)	−0.0273*** (0.0137)
Fin	0.1082*** (0.0056)	0.1047*** (0.0059)	0.0975 (0.0053)	0.0746** (0.0061)	0.0649** (0.0057)
Inf	0.0171*** (0.0052)	0.0328*** (0.0118)	0.0148*** (0.0029)	0.0118*** (0.0037)	0.0126*** (0.0025)

(续)

变量	Co (1)	Co_1 (2)	Co_2 (3)	Co_3 (4)	Co_4 (5)
城市固定效应	控制	控制	控制	控制	控制
年份固定效应	控制	控制	控制	控制	控制
样本数	36213	36213	36213	36213	36213
调整后的 R^2	0.9271	0.9092	0.9521	0.8649	0.9013

注：*、**、*** 代表在10%、5%、1%统计水平显著；圆括号内为聚类在城市层面的稳健标准误差，下同。

8.4.2 稳健性检验

1. 平行趋势检验

满足平行趋势假定是使用双重差分模型的前提，即在"宽带中国"示范政策实施前，实验组城市和对照组城市的经济韧性具有相同的变动趋势。为此，本书参考 Beck 等（2010）的做法，采用事件分析法进行检验。具体模型如下：

$$Co_{it} = \alpha_0 + \sum_{k=-5}^{5} \theta_k Policy_i \times Post_t + \beta Control_{it} + \mu_i + \eta_t + \varepsilon_{it} \quad (8-2)$$

式中，k 为政策实施前5年到实施后5年的时间范围，θ_k 为不同年份下政策的估计系数。当 $k<0$ 时，θ_k 不显著，说明在实施政策前实验组和对照组符合平行趋势假定，反之则不符合。其他变量设定与式（8-1）保持相同。以政策实施发生前一期为基期，对式（8-2）进行估计，结果见表8-4列（1）。可以看出，在政策实施期前，所有年份估计系数均未通过显著性检验，说明在实施政策前实验组与对照组之间无显著差异，基本满足平行趋势假设。

表 8-4 稳健性检验结果

变量	Co 平行趋势检验 (1)	Co PSM-DID 检验 (2)	Co 剔除政策出台当年 (3)	Co 排除其他政策干扰 (4)
Pre_5	0.0057 (0.0089)			
Pre_4	0.0149 (0.0086)			
Pre_3	0.0141 (0.0102)			
Pre_2	0.0018 (0.0133)			
Pocily × Post		0.0227** (0.0024)	0.0283*** (0.0035)	0.0231*** (0.0026)
控制变量	控制	控制	控制	控制
城市固定效应	控制	控制	控制	控制
年份固定效应	控制	控制	控制	控制
样本数	36213	36165	28632	36213
调整后的 R^2	0.9287	0.9291	0.9176	0.9268

2. 安慰剂检验

为进一步确定估计结果是否受其他因素的影响，本书通过重复随机抽样法进行安慰剂检验。根据"宽带中国"试点政策每批试点数量随机选择数量相同的城市作为实验组，构建出虚拟政策变量带入模型对城市经济韧性估计，将该过程重复 500 次，得到虚拟变量估计系数及其对应的 P 值，具体如图 8-3 所示。可以发现，重复随机抽样的虚拟政策估计系数集中落在 [-0.02, 0.02] 的范围内，且绝大部分 P 值在 0.1 以上，说明试点政策对城市经济韧性的促进作用并未受到其他随机因素的显著影响，具有稳健性。

第 8 章　数字基础设施建设对长三角城市群经济韧性的影响

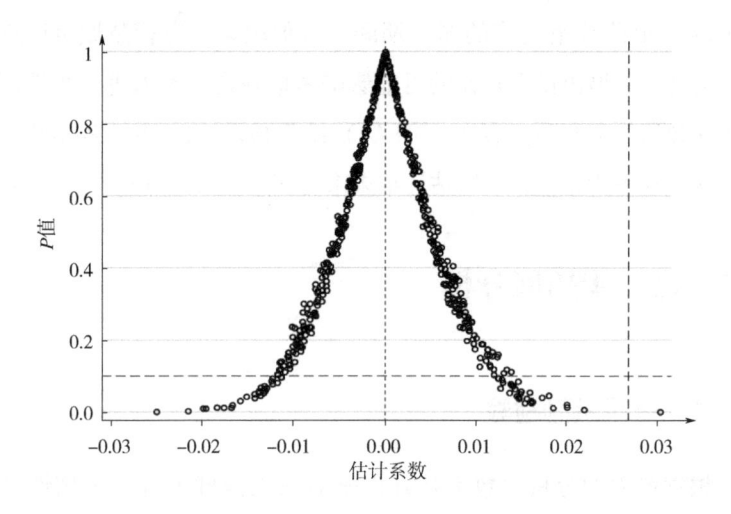

图 8-3　安慰剂检验结果

3. PSM-DID 检验

为降低样本选择偏差对估计结果的影响，采用倾向得分匹配法对实验组和对照组进行处理，然后采用 PSM 分析法为实验组匹配对照组，最后运用 DID 模型检验匹配后得到的实验组和对照组。结果见表 8-4 列（2）。可以看出，经过匹配后"宽带中国"政策对城市经济韧性的政策效应在估计系数与显著性上与基准回归结果不存在显著差异，说明本书估计结果是稳定的。

4. 剔除政策出台当年

本书借鉴曹春方和张昭（2020）的做法，将 2014—2016 年剔除研究区间后，重新进行赋值。当年份为 2010—2013 年时，取 0；当年份为 2017—2024 年时，取 1。表 8-4 列（3）为剔除政策出台当年的检验结果。可以发现，Pocily × Post 的估计系数与基准回归无显著差异，政策实施对经济韧性的促进效应依旧呈现稳健性。

5. 排除其他政策干扰

通过梳理促进数字基础设施发展的相关政策文件发现，在"宽带中国"示范政策实施的同一期间,类似政策还有智慧城市试点建设。为将智慧城市试点建设的可能影响考虑在内,本书进一步控制了代表该政策的交互项。表8-4列(4)结果显示,Pocily × Post 的估计系数依旧显著为正值,说明估计结果未受智慧城市试点建设的影响。

8.5 进一步拓展分析

8.5.1 作用机制检验

根据前面的分析,数字基础设施对长三角城市群经济韧性具有正向作用,那么影响城市经济韧性的作用机制包括哪些?本书进一步从科技创新驱动和产业结构优化两方面探究"宽带中国"试点政策促进城市经济韧性提升的作用机制。

首先,关于科技创新驱动的衡量,鉴于数据的可获得性,采用发明专利、实用新型专利和外观设计专利的总授权数量对数值来刻画科技创新。考虑到这三种专利在创新程度、科技应用以及市场价值等方面存在较大差距,参考白俊红和蒋伏心(2015)的做法,分别赋予它们 0.5、0.3 和 0.2 的权重,采用加权平均法对总授权数量进行测算。被解释变量为技术创新,解释变量为"宽带中国"示范政策,估计结果见表8-5列(1)。结果表明,该政策对科技创新的影响显著为正。由此可见,数字基础设施的进一步完善,通过强化创新主体间的连接性、促进创新活动向开放式转型、推动创新环境优化提升,有助于实现科技创新向更高水平迈进。既有研究表明,经济韧性与当地科技创新表现密切相关。科技创新水平越高,城市经济系统越能突破原有经济发展的路径依赖,提升竞争优势,从而拥有较强的经济韧性。因此,数字基础设施会通过科技创新这一渠道作用于城市经济韧性，研究假设 2 得证。

其次，关于产业结构优化的衡量，借鉴孙伟增等（2022）的研究，采用产业结构指数来衡量产业结构水平，被解释变量为产业结构、解释变量为"宽带中国"示范政策，估计结果见表 8-5 列（2）。可以看出，该政策对产业结构的影响显著为正。随着数字基础设施不断夯实，产业数字化和数字产业化加速联动发展，第二、三产业所占比重逐步上升、第一产业份额持续下降，有益于实现产业结构向更优状态进阶。已有研究表明，产业结构是影响经济韧性最为重要的因素之一。在面对经济冲击或波动时，产业结构持续由低向高演进，不仅能推动产业间形成高冗余度的联络路径，还能促进产业间深化分控和一体化发展，从而获得可持续的经济韧性。因此，数字基础设施通过优化产业结构这一路径作用于城市群经济韧性，由此研究假设 3 得证。

表 8-5 数字基础设施与城市经济韧性：机制回归结果

变量	Tech	Stru
	科技创新 （1）	产业结构 （2）
Pocily × Post	0.1137 *** （0.0169）	0.0382 *** （0.0056）
控制变量	控制	控制
城市固定效应	控制	控制
年份固定效应	控制	控制
样本数	36213	366215
调整后的 R^2	0.8695	0.7283

8.5.2 空间溢出效应

本书借鉴 Jia 等（2021）的做法，将 DID 思想融入空间计量模型，构建如下空间双重差分杜宾模型：

$$Co_{it} = \alpha_0 + \rho \sum_{j=1, j \neq i}^{N} W_{ij} Co_{it} + \mu_1 Policy_i \times Post_t + \mu_2 \sum_{j=1, j \neq i}^{N} W_{ij} Policy_i * Post_t +$$

$$\pi_1 Control_{it} + \pi_2 \sum_{j=1, j \neq i}^{N} W_{ij} Control_{it} + \mu_i + \eta_t + \varepsilon_{it} \quad (8-3)$$

式中，ρ 为空间滞后项系数，用来度量 $W_{ij}Co_{it}$ 对 Co_{it} 的影响程度；W_{ij} 为经济距离空间权重矩阵。其余变量的设置与基准模型保持一致。通过 LR 检验和 Hausman 检验共同证实，应选择具有个体固定效应的空间杜宾模型（SDM）进行估计。具体结果见表8-6。

表8-6 空间溢出效应估计结果

变量	Co Main (1)	Co WX (2)	Co 直接效应 (3)	Co 间接效应 (4)	Co 总效应 (5)
Pocily × Post	0.00261*** (0.0029)	0.0364*** (0.0075)	0.0291*** (0.0031)	0.0943*** (0.0117)	0.1137*** (0.0151)
ρ			0.4382*** (0.0131)		
控制变量	控制	控制	控制	控制	控制
城市固定效应	控制	控制	控制	控制	控制
年份固定效应	控制	控制	控制	控制	控制
样本数	36213	36213	36213	36213	36213
调整后的 R^2	0.6671	0.6671	0.6671	0.6671	0.6671
Log-likelihood	20671.1201	20671.1201	20671.1201	20671.1201	20671.1201

可以看出，ρ 显著为正，说明各城市之间经济韧性确实存在正向空间联系。Policy × Post 的估计系数也显著为正，验证了基准结论的稳健性。进一步采用偏微分法将其分解后发现，"宽带中国"示范政策促进长三角城市群经济韧性的本地效应为 0.0291，来自其他城市的溢出效应为 0.0943，总效应为 0.1137，三者系数均显著为正。说

明数字基础设施不仅具有显著的本地经济韧性效应,而且会对其他城市产生以扩散效应为主的空间溢出,带动其他城市经济韧性提升。因此,假设 4 得证。

8.5.3 异质性检验

由于长三角城市群内部经济发展水平、产业结构、公共服务、交通运输等多方面存在显著的区域差距,数字基础设施对城市群经济韧性产生的影响作用会有所差别。为进一步探究不同禀赋条件下数字基础设施对城市群经济韧性的差异性影响,本书使用变系数回归法,从地理位置、人口规模和资源禀赋三个方面考察二者间的异质性问题。检验结果见表 8-7。

表 8-7 异质性检验结果

变量	城市区位异质性(1)	人口规模异质性(2)	资源禀赋异质性(3)
Treated × Are	0.016*** (2.981)		
Treated × Lev		0.022*** (4.639)	
Treated × Res			−0.013** (−2.104)
控制变量/双固定效应	是	是	是

1. 地理位置

根据城市所属地理位置将样本划分为一二线城市和其他城市,构建区域特征虚拟变量(Are),将一二线城市赋值为 1,其他城市赋值为 0,并将该变量与试点政策虚拟变量相乘带入模型。表 8-7 列(1) 的数据显示,交乘项的回归系数为 0.016,在 1% 水平上显著为正,可见"宽带中国"试点政策对一二线城市经济韧性的推动作用强于中部。其原因在于：当城市遭遇外部冲击时，一、二线城市能够依靠自身创新优势和产业发展优势迅速吸收、化解、转移外部冲击造成的负面影响，提高城市的适应能力来提升经济韧性。而其他城市受限于经济规模、科教资源、创新资源约束，数字基础设施建设难以充分发挥对经济韧性的推动作用，导致政策实施效果存在区域差异。

2. 人口规模

本书将样本划分为大型及其以上规模城市和中小规模城市两组样本，设置城市规模虚拟变量（Lev），将大型及其以上规模城市赋值为1，中小规模城市赋值为0，并将该变量与试点政策虚拟变量相乘带入模型。表8-7列（2）显示，交乘项的回归系数为0.022，在1%水平上显著为正，表明试点政策对大规模城市的经济韧性提升作用强于中小城市。其原因在于：大型及其以上规模城市的要素集聚水平和市场规模较大，数字基础设施的建设有利于加速区域技术创新与进步，推动城市产业结构转型升级，能够形成正向的自我强化机制来提高城市经济韧性，而中小规模城市在数字基础设施赋能下还处于渐进式改造阶段，对于经济韧性提升的驱动作用较弱。

3. 资源禀赋

本书将样本划分为非资源型城市和资源型城市两组样本，设置资源禀赋虚拟变量（Res），将资源型城市赋值为1，非资源型城市赋值为0，并将该变量与试点政策虚拟变量相乘带入模型。

表8-7列（3）显示，试点政策与资源禀赋虚拟交乘项的回归系数在5%水平上显著为负，表明政策实施对非资源型城市的经济韧性提升作用强于资源型城市。其原因在于，资源型城市经济发展中对于资源部门的依赖导致产业结构单一，不仅挤占其他附加值含量高的最终产品产业和高新技术产业的发展，而且导致区域内缺乏人力

第 8 章 数字基础设施建设对长三角城市群经济韧性的影响

资源积累的内在动力，数字基础设施建设驱动城市经济韧性的提升空间有限。非资源型城市不受到资源产业路径限制，数字基础设施建设有利于推动创新知识创造和传播，推动产业结构多样化发展，强化产业结构适应性调整能力，赋予区域经济韧性的持续增强能力。

第9章 长三角城市群数字基础设施协同发展的提升策略

数字基础设施作为新型基础设施的核心要义,也是现代化基础设施建设体系的动力支撑,旨在推动经济社会集约高效、区域经济协同发展。长期以来,长三角城市群在数字基础设施建设方面取得了显著成效。国家布局的算力中心、大数据中心正在建设,信息通信设施先进完善,为数字经济的快速传播和广泛应用提供了坚实的基础。同时,长三角地区还在积极推动智慧城市、数字政府等新型基础设施建设,为数字经济的深度发展提供了有力支撑。但在数字化转型过程中依然存在区域发展不平衡、数据壁垒和信息安全、创新体系协同不足、数字经济人才短缺等问题,各城市各自为政、自制规则、自定标准,重复无效建设严重,造成数字化资源巨大浪费。在数字经济深入发展的背景下,长三角地区要结合自身特点,以多样化、差异化、动态化手段加快数字基础设施建设进程,充分发挥数字基础设施对长三角城市群区域经济协同发展的激励作用和赋能作用,实现数字基础设施从"物理连接"到"智能协同"的跃升,最终支撑区域高质量发展。

9.1 多维度协调,构建一体化发展格局

结合《长三角一体化发展规划纲要》,从顶层设计和区域规划入手,依据区域自身经济发展状况、资源要素丰裕程度及生态环境承

载限度等，从跨区域协调、资源共享、重大基础设施建设、空间布局等多个维度出发，制定分阶段的数字基础设施协同发展路线图，明确各城市的发展定位和重点任务，适度且有序地开展数字基础设施建设工作，避免盲目建设和重复投资。

9.1.1 加强顶层设计和科学规划

长三角城市群数字基础设施建设进程存在明显的区域差异性，各地区政府应充分认识到数字基础设施建设对区域协同发展的积极促进作用，结合数字基础设施投资规模大、更新周期短的特点，加强地区与地区之间的协同合作。在规划、建设和运营过程中，充分考虑地理、经济、人口等因素，建立跨区域的工作机制和协调机制，形成上下联动、左右协同的工作机制和统筹兼顾的发展格局。坚持全盘考虑、整体谋划、协同推进、重点发力，推动各项政策措施的衔接和配合，确保各城市数字基础设施建设相关政策的一致性、连续性以及协同性。同时，加强政策宣传和解读工作，提高社会各界对新型信息基础设施建设的认识和支持度。

9.1.2 打破壁垒，促进资源共享

当前长三角地区各城市之间的数据共享和交换机制尚不完善，数据壁垒现象依然存在。同时，随着数字经济的不断发展，信息安全问题也日益凸显，成为制约数字基础设施一体化发展的重要因素。通过建立跨区域合作机制，打破地域壁垒，推动数字基础设施的互联互通，促进数据资源的跨区域共享和流通。同时，增强数字基础设施建设制度供给，优化资源统筹协调能力，合理规划数字基础设施建设方案，提升数字基础设施运行效率。

9.1.3 健全重大基础设施建设协调机制

数字基础设施的建设涉及多个领域和部门，需要建立健全重大基础设施建设协调机制，加强部门间协同配合与融合创新，形成工作合力。通过成立跨部门协调机构、建立定期会商制度等方式，加强信息共享和沟通协作，及时解决建设过程中的困难和问题。注重发挥行业协会、科研机构等社会力量的作用，形成全社会共同参与新型信息基础设施建设的良好氛围。同时，加强与国际先进水平的对标对表，借鉴国际成功经验，提升长三角城市群数字基础设施建设的整体水平。

9.1.4 推动城乡与区域均衡发展

长三角地区内部各城市之间的经济发展水平、产业结构、科技创新能力等方面存在较大差异，这在一定程度上制约了数字基础设施的均衡发展和一体化进程。各地区应充分认识到数字基础设施对区域协调发展的空间正向溢出效应，建立跨行业的合作机制和交流平台，推动通信、计算、存储、安全等不同行业之间的信息共享和技术交流。通过统筹设计、系统规划、跨区补偿及异地帮扶等措施增强数字基础设施建设的联动性和协调性，推进数字基础设施集群化发展，缓解地区发展不平衡不充分的鸿沟，协同推进不同地区数字基础设施建设质量与效率双提升，从而提高数字基础设施的区域通达性、畅通性及均等化，进一步发挥数字基础设施的空间溢出效应。比如，通过"数字飞地"模式，引导上海、杭州等核心城市资源向皖北、苏北辐射；加强农村地区数字基建（如智慧农业、远程医疗）等。

9.2 产业融合创新，推动集群化发展

习近平总书记在上海主持召开深入推进长三角一体化发展座谈会时强调，长三角区域大力推进科技创新，加强科技创新和产业创新跨区域深度融合，催生新产业新业态新模式，拓展发展新空间，培育发展新动能。数字基础设施以高速度、低延迟、广连接的特点，为产业升级提供了前所未有的可能。第五代移动通信技术（5G）、大数据、云计算、人工智能等新兴技术的融合应用，正在深刻改变着传统产业的生产方式和商业模式。

9.2.1 打造数字产业生态圈

长三角城市群虽然拥有众多创新资源，但各创新主体之间的协同合作机制尚不健全，创新资源的优化配置和高效利用还有待加强。依托现有产业，以上海为龙头，发挥杭州数字经济、苏州工业互联网、合肥人工智能等优势，形成差异化分工，建设跨区域"数字孪生城市"示范区，推动"5G+工业互联网"、车联网、城市物联感知终端管理平台等技术应用。通过信息技术与传统产业的深度融合，提升传统产业数字化、网络化、智能化水平。加强人工智能、区块链、量子信息等新技术在数字基础设施中的应用，推动技术创新和产业变革，为数字经济新生态的构建提供有力支撑。同时，鼓励企业之间的合作创新，共同开发新技术、新产品和新服务，推动产业的融合发展，合力建设产业创新融合的长三角现代产业体系。

9.2.2 促进数字基础设施与传统基础设施融合发展

实现数字基础设施与传统设施的深度融合，是推动产业升级和

转型的关键。在规划和建设过程中,不仅要注重数字基础设施的布局和完善,还要充分考虑如何与现有的传统基础设施有效对接,积极探索数据开放和应用场景创新,推动数字经济与实体经济深度融合发展。例如,在智慧城市建设中,应充分利用已有的水电燃气、交通、安防等传统设施,通过加装传感器、升级控制系统等方式,将其纳入物联感知网络,实现数据的共享和协同。在工业领域,则需推动信息技术与制造业深度融合,通过数字化车间、智能工厂的建设,提升传统制造业的自动化、智能化水平。

9.2.3 推广数字绿色基建

数字基础设施建设过程中可能会对经济社会和生态环境造成负面影响,应采用节能环保的技术和设备,加强废旧设备的回收和再利用,降低能耗和排放,减少资源浪费和环境污染。比如,数据中心采用液冷、光伏等节能技术,纳入长三角碳交易体系;探索"东数西算"长三角节点与西部能源协同等。同时,通过建立相应的风险联防联控机制及建设主体责任机制,搭建风险监测平台、信息共享平台、协同治理平台,动态监测经济、社会及环境维度的指标数据变化,及时调整数字基础设施的建设方向,推动数字基础设施与绿色能源、绿色建筑等领域的融合发展,实现经济效益和生态效益的双赢。

9.2.4 构建融合发展体系

数字基础设施包括网络设施、算力基础设施和新技术设施等多个方面,这些设施之间只有实现协同工作,才能发挥最大效用。跨网络协调就是要打破不同网络之间的壁垒,加强网络之间的互联互通,推动各类网络的融合发展。在规划和建设过程中,应充分考虑不同网络之间的互补性和协同性,避免各自为政、重复建设,提高网络的整体性能和效率。

9.3 强化技术革新,共建共享关键数字基础设施

数字基础设施是支撑数字经济快速发展的关键力量,它不仅能够提供高速、安全、可靠的信息传输和存储服务,还能够通过数据分析、人工智能等技术手段,挖掘数据要素价值,赋能传统产业转型升级,催生新业态新模式。长三角各城市应明确发展定位和目标,联合攻关核心技术,打造具有国际影响力的数字产业创新中心,形成数字技术与实体经济深度融合的发展格局。比如设立长三角数字技术联合基金,支持芯片、6G、量子通信等"卡脖子"技术研发;推动高校(如复旦、浙大、中科大)与企业共建实验室等。

9.3.1 强化新型算力基础设施的支撑作用

一是推动不同计算精度的算力资源加速融合,共建长三角算力网络枢纽,以上海、杭州、合肥等为核心节点,布局国家级数据中心集群,建成融合算力中心,提高算力资源利用效率。二是在现有算力枢纽节点的基础上,因地因需制宜,发挥自身优势,探索算力资源调度的专属技术方案和商业模式,带动周边地区算力发展,提高低成本高品质的算力供给比例。三是鼓励上海、杭州、南京等发达城市机器学习、模型分析等任务有序向中小型城市转移,推动长三角全域算力创新协同发展。四是以绿色低碳技术赋能超级计算中心建设,降低基础设施能耗,打造绿色算力产业链。

9.3.2 优化网络基础设施布局

一是继续大力推进5G基站建设，增加固定宽带用户接入规模，加快部署"双千兆"网络（5G+光纤），扩大千兆光纤覆盖范围，重点覆盖都市圈毗邻区（如上海-苏州、南京-马鞍山），促进全社会移动和固定网络平台改进升级。二是规划互联网整体架构升级发展，依照具体的数据流量和流向差异，及时更新网络连接状态，构建网络交换中心，优化网络整体结构。三是持续推动6G等先进技术的创新研究，探索互联网发展的蓝海空间。

9.3.3 加快传统基础设施数字化改造

万物互联的数字智能时代要求经济社会各行业、各主体、各要素间实现泛联互通，而不是碎片化状态。因此，应推动新型基础设施向农业、制造业、交通、能源等全领域扩展，敦促相关企业淘汰效率低、能耗大的落后设备，采用智能环保的数字设备，以适应新质生产力发展；并且加强同物流、销售等其他各环节主体的合作，共同搭建起跨地区、跨行业、跨厂商的统一公共平台，健全部门间统筹协调机制，提高信息资源共享和利用水平。

9.3.4 推进跨区域数据互通

数据作为数字经济时代的新型生产要素，其价值日益凸显。数字基础设施的发展为数据的采集、存储、处理和应用提供了强大支撑。通过构建完善的长三角公共数据开放平台，推动政务、交通、环保等领域数据共享，加强数据资源整合和安全保护，充分挖掘数据要素价值，为数字经济新生态的构建提供源源不断的新动力。同时，推动数据要素的市场化配置，完善数字经济法律法规和政策体系，促进数据资源的共享与开放。坚持重点区域先行示范，比如在长三角生态绿色一体化示范区（青浦-吴江-嘉善）试点跨省域智慧交通、环保监测；试点"数据跨境流动安全港"，支持自贸区数据跨境流动创新等，进而激发市场活力，培育数据要素市场，为数字经济发展注入新的活力。

9.4 加大政策支持，促进跨区域协同创新

当前，长三角多个城市积极推进智慧城市建设，大数据技术被广泛运用，智能交通系统、智慧能源管理、智慧环境监测与保护等多种技术也加快跟进。通过政策制定统一性、标准趋同性、制度衔接性和执行协同性带来创新资源的叠加效应与共享效应，促进数字基础设施均衡发展，从政策链与创新链、产业链、人才链协同的角度，向发展水平较低的地区提供更多支持，全面构建长三角一体化创新政策体系。

9.4.1 创新投融资模式

数字基础设施的建设需要大量资金投入，拓宽多元化投融资渠道是保障其顺利推进的关键。各城市政府应加大财政支持力度，通过设立长三角数字基建专项基金，对跨区域项目给予土地、税收优惠等方式，鼓励金融机构创新金融产品和服务模式，为数字基础设施建设提供长期稳定的资金支持。同时，积极拓宽融资渠道，鼓励社会资本参与数字基础设施的建设和运营。例如，探索政府和社会资本合作（PPP）等模式，吸引社会资本参与数据中心、5G基站等项目的建设和运营，实现政府和社会资本共赢。

9.4.2 制定统一标准体系

积极推动跨行业标准化工作,建立数字基础设施标准与共享机制,推动5G基站、数据中心、工业互联网等设施的互联互通标准,为数字基础设施的协同发展提供技术支撑。同时,加强与传统基础设施标准的衔接融合,加快融合标准制定和应用,推动数字基础设施与传统基础设施的融合发展,避免重复建设和资源浪费。

9.4.3 加大对新兴技术的推广应用

根据各城市的技术发展趋势和经济社会发展需求,及时调整政策导向和资金支持力度,加大对新兴技术的研发投入和推广应用力度,为数字基础设施的协调发展提供有力保障。同时,加强与企业、科研机构等社会力量的合作,引导企业加强技术创新和产业升级,共同推动数字基础设施的发展。通过建立产学研用合作机制、搭建创新平台等方式,促进技术创新和产业升级的深度融合,为数字基础设施的协调发展注入新的活力。

9.4.4 优化环境,保障网络安全

数字基础设施作为国家重要的战略资源,其安全性和稳定性至关重要。在数字基础设施建设高速进行的过程中,应充分考虑设施安全、网络安全和数据安全的需求,加强网络安全监测和应急响应机制建设。通过建立跨省市网络安全应急响应中心,定期开展攻防演练,强化网络安全联防,营造安静安全的新生态。采用先进的技术和管理手段,提高大型数据平台、计算中心的风险预测防范能力,巩固各枢纽节点间的协调联动机制,优化网络环境,确保国家数据的安全和隐私保护,提高应对网络安全事件的能力和水平。

9.4.5 深化开放合作，对接国际规则

通过建立健全产学研用协同创新机制，构建多主体参与、多领域联动、多层级落实的整体协同网络体系，有效利用创新平台，融通创新链、产业链、人才链、政策链，促进创新资源和要素的有效汇集，实现技术突破和创新互惠。加强与国际先进创新体系的交流合作，对接国际规则，融入全球价值链，促进科技成果转化和产业化应用，提升长三角地区在全球数字经济领域的竞争力和影响力。比如，依托上海自贸区临港新片区，探索数据跨境流动与国际标准接轨；联合申建"数字丝绸之路"节点，吸引外资参与数字基础设施建设等。

9.4.6 加强数字经济人才的培养和引进

随着数字经济的快速发展，对高素质人才的需求日益增加。然而，长三角地区在数字经济人才方面还存在较大缺口，特别是在高端技术研发、数据分析、网络安全等领域的人才短缺问题尤为突出。因此，要加强数字经济人才的培养和引进工作，建立健全人才培养体系和激励机制。加强与高等院校、科研机构的合作，积极引进国内外高端数字经济人才，推行高端人才户籍互认、社保互通，联合培养数字化技能人才，推动产学研用深度融合发展，为长三角地区数字经济的持续发展提供有力的人才保障。

第 10 章 结论与展望

习近平总书记指出，要加快新型基础设施建设，加强战略布局，加快建设高速泛在、天地一体、云网融合、智能敏捷、绿色低碳、安全可控的智能化综合性数字信息基础设施，打通经济社会发展的信息"大动脉"。长三角城市群数字基础设施发展水平在研究期内总体呈现持续上升趋势，但不同城市之间差异显著。通过实证检验发现，数字基础设施能够通过结构优化效应、创新驱动效应和空间溢出效应来提升城市经济韧性。随着人工智能技术的不断发展和全球化进程的不断推进，数字基础设施将朝着智能化、绿色化、国际化的方向发展。未来，需要进一步加强数字基础设施建设，为实现高质量发展和人民美好生活提供有力支撑。

10.1 研究结论

本研究基于文献查阅、理论分析和政策梳理，准确界定数字基础设施概念和特征，全面总结数字基础设施的发展历程和现状。在此基础上，以 2014—2023 年为时间维度，以长三角地区 41 个城市为研究对象，构建数字基础设施评价指标体系，采用熵权 TOPSIS 法对数字基础设施发展水平进行测度评价，并分析不同地区之间的时空差异。同时，以城市经济韧性为被解释变量，数字基础设施为解释变量进行基准回归分析，从直接效应、间接效应和空间溢出效应三个层面分析数字基础设施对长三角城市群经济韧性的影响。具体结论如下：

1）长三角地区大部分城市数字基础设施建设水平在研究期内整体呈现持续提升的增长趋势，但不同城市之间的差异依然显著，且随着时间的推移，这种差异表现出逐渐收敛的趋势。上海、苏州、南京、杭州等发达城市在数字基础设施建设方面持续领先，显示出较高的稳定性和发展水平；而盐城、淮安、安庆等中小型城市则相对落后，尽管其建设水平有所提升，但与发达城市之间的差距仍然明显。宁波、嘉兴等城市的数字基础设施建设水平也表现出快速上升的趋势，凸显了这些城市在数字经济浪潮中的崛起潜力。

2）基于2010—2024年长三角41个城市的面板数据，将"宽带中国"试点政策视为数字基础设施建设的准自然实验，采用多期双重差分法评估试点政策对城市经济韧性的影响、作用机理和边界条件。研究发现，"宽带中国"试点政策能够显著促进城市经济韧性水平提升，且试点政策对城市经济韧性的促进效应随着年份推移不断增强。从作用机制来看，试点政策能够通过结构优化效应、创新驱动效应和空间溢出效应来提升城市经济韧性。从异质性分析来看，相比于长三角地区其他城市、中小规模城市和资源型城市，试点政策对长三角地区一二线城市、大型及其以上规模城市、非资源型城市的经济韧性提升作用相对较强。

10.2 未来展望

10.2.1 数字基础设施发展面临的机遇

1. 全球数字基础设施建设加速

随着数字经济的快速发展，全球各国都在加大对数字基础设施的投资和建设力度。基础设施建设和数字化转型是重要的中国的国家发展战略，政策和支持力度将持续加大。目前，数字中国建设进入整体布局规划新阶段，《"十四五"全国城市基础设施建设规划》《国家数据基础设施指引》等一系列国家政策高度重视城市基础设施建设与城市智慧化转型发展，数字基础设施在城镇化建设和城市可持续发展中具有重要地位。受益于国家产业政策支持，我国相关市场需求持续增长，数字基础设施具备良好的经营环境和发展机遇。

2. 运营新理念推动基础设施需求增长

基础设施领域建设、管理、运营理念转变，推动数字基础设施需求不断增长。注重建设、轻管理和运营是我国在过往的基础建设发展过程中普遍存在的问题，随着基础设施建设领域的数智化升级，对于行业的建设、管理以及运营理念发生了转变，这一观念的转变推动数字基础设施行业需求的增长。另外，随着云计算、大数据等技术的广泛应用，数据中心的需求也在不断增长，全球各国都在加大对数据中心的投资和建设力度，以满足不断增长的需求。

3. 技术持续创新促进数字基础设施发展

技术持续投入以及创新研究是数字基础设施发展的重要基石，在传统机电控制及集成技术之上，人工智能、云计算、大数据、物联网技术被不断验证成为基础设施数智化转型升级的重要抓手，数字基础设施已成为未来我国基础设施的核心发展趋势。随着前沿技术的不断进步和产业化落地，数字基础设施的内涵和外延也在不断拓展，催生基础设施产业发展的新需求、新态势、新格局，引领行业整体进步。

10.2.2 数字基础设施的未来发展趋势

当前，新一代信息技术加速演进，并以经济社会各领域深度融合,数字中国建设进入整体布局规划新阶段,数字基础设施"七力"核心能力体系加速形成,以满足各行各业对更广连接、更大宽带、更强算力以及更高智能的新需求。

1. 数字中国建设进入整体布局规划新阶段

中共中央、国务院印发《数字中国整体布局规划》强调,打通数字基础设施大动脉。北京、上海、浙江、江西、湖南、河南、贵州、甘肃等地市先后出台专项政策文件,推动区域数字基础设施布局、结构、功能持续优化升级。随着国家和地方持续强化数字基础设施建设政策保障和支持力度,数字基础设施将日益先进与成熟,能够快速融合衔接生产、分配、流通、消费和社会服务管理等各环节场景应用,赋能生产方式、生活方式和社会治理方式的变革。

2. 新一代信息技术加速演进、广泛应用

首先,"双千兆"网络技术稳步革新。在固定网络方面,以10GPON、200G/400G等技术为代表的固定网络技术加快发展,超大容量、低时延低抖动固定宽带网络逐步建成;在移动网络方面,5G技术标准向5G-A、6G升级,将进一步满足移动带宽增强、超高可靠低时延、海量机器类通信等需求,并提供泛在万兆体现和千亿连接能力。其次,存算核心技术不断突破,芯片实现3nm工艺,性能提升约为20%,采用Ampere架构的加速卡,拥有6912个CUDA核心和432个张量核心,性能提升近20倍。另外,绿色低碳成为行业发展新要求。以绿色为目标与驱动,对传输网络、存算等提出高效能要求,推动数字技术全面绿色化转型。

3. 更广的连接、更大的宽带、更强的算力、更高的智能

随着车联网、智慧工厂、全息通信、元宇宙等新业务的到来,未来通信与感知网络将深度融合,万物互联将成为数字化时代的主要特征。人工智能、隐私计算、虚拟现实以及基因测试和生物制药等新兴技术的深入普及,数字化业务对于算力和网络连接的一体化需求加深。另外,网络智能化有望向执行、感知和决策系统自动完成的高度自治发展。

4. 数字基础设施"七力"核心能力体系加速形成

一是感知力,通过统筹建设区域一体化智能感知网络体系,全面动态收集物理世界的"脉搏"数据,实时感知社会运行状况。二是连接力,通过建设空天地海一体化网络基础设施,提升网络设备的浮在能力和性能,推动社会从"网联"向"数联""智联"升级跃升。三是运力,通过构建高速、稳定、低时延的骨干网络,为经济社会发展提供强大数据运送能力。四是算力,即计算能力,是新生产力与数据、算法协同构成数字经济时代最基本的生产要素。五是智力,以大模型为代表的人工智能飞速发展,驱动行业基础设施智能化升级。六是存力,以大容量、高性能先进存力为代表,通过系统化、规模化发展高性能存储设施,增强高性能计算支撑能力。七是绿色电力,以比特/瓦特指标为牵引,推动能源数字化革命,打造绿色可持续的发展能力,促进行业从高碳走向低碳零碳。

5. 产业链协同发展呈现数智融合、深入渗透的态势

一是网络基础设施与产业应用深度渗透,将进一步丰富场景化新业态、新模式。5G规模化发展将成为今后一段时间的主要方向,将实现5G在实体经济中更广范围、更深层次、更高水平的深度渗透,基础通信网络将实现设施、技术、运营、商业、服务的体系化相互贯通,加速自智技术产业转化过程。二是人工智能加速算力基础设施智能化升级,将带动新一轮数字经济广泛增长。随着先进计算、AI大模型创新升级,将加速催化各领域、各行业数据应用新模式、新业态衍生,带动数字经济的发展。三是应用基础设施将进一步与实体经济相互融合,跨领域协同将成为发展主旋律。工业互联网已融入49个国民经济大类，覆盖全部工业大类，标识解析体系全面建成，车联网由单条道路测试拓展到区域示范，未来将带动城市交通、工业、能源、建筑等重点行业跨领域融合，形成跨领域融合产业的倍增效应。

参 考 文 献

[1] 齐俊妍,任奕达.数字经济发展、制度质量与全球价值链上游度[J].国际经贸探索,2022,38(1):51-67.

[2] MUSIANI FRANCESCA & JOHN Sr. Infra-structuring digital sovereignty: a research agenda for an infrastructure-based sociology of digital self-determination practices [J]. Information, Communication & Society, 2022, 25 (6): 785-800.

[3] 方福前,田鸽,张勋.数字基础设施与代际收入向上流动性——基于"宽带中国"战略的准自然实验[J].经济研究,2023,58(5):79-97.

[4] 张文城,白凤兰.中国数字基础设施发展对环境污染的影响研究[J].技术经济,2023,42(5):137-148.

[5] 张晖,李靖,权天舒.数字基础设施建设促进了数字经济与实体经济融合吗?——基于"宽带中国"战略的准自然实验[J].经济问题探索,2023(10):1-15.

[6] 沈和斌,邓富华.数字基础设施建设对出口产业升级的影响研究[J].中国软科学,2023(12):59-69.

[7] 温湖炜,钟启明.数字基础设施与企业全要素生产率——来自中国上市公司的证据[J].软科学,2022,36(8):64-71.

[8] 颜佳,杨敏,彭梅.面向数字人文的图像数据基础设施建设研究——以我国图博档领域为视角[J].图书馆,2021(5):51-58.

[9] 赵涛,张智,梁上坤.数字经济、创业活跃度与高质量发展——来自中国城市的经验证据[J].管理世界,2020,36(10):65-76.

[10] 郭峰,王靖一,王芳,等.测度中国数字普惠金融发展:指数编制与空间特征[J].经济学(季刊),2020,19(4):1401-1418.

[11] 黄群慧.新发展格局的理论逻辑、战略内涵与政策体系——基于经济现代化的视角[J].经济研究,2021,56(4):4-23.

[12] 冀雁龙,李金叶,赵华.数字化基础设施建设与旅游经济增长——基于中

介效应与调节效应的机制检验[J]. 经济问题, 2022(7): 112-121.

[13] 施震凯, 邵军, 刘嘉伟. 数字基础设施对就业变动的影响——来自制造业的证据[J]. 河海大学学报(哲学社会科学版), 2021, 23(5): 76-82+111-112.

[14] 靳毓, 文雯, 何茵. 数字化转型对企业绿色创新的影响——基于中国制造业上市公司的经验证据[J]. 财贸研究, 2022, 33(7): 69-83.

[15] 邱洋冬. 网络基础设施建设驱动属地企业数字化转型: 基于"宽带中国"试点政策的准自然实验[J]. 经济与管理, 2022, 36(4): 57-67.

[16] 张辉, 王庭锡, 孙咏. 数字基础设施与制造业企业技术创新——基于企业生命周期的视角[J]. 上海经济研究, 2022(8): 79-93.

[17] KAREN O. Making sense of continuous development of digital infrastructures[J]. Information Technology, 2022, 37(2): 144-164.

[18] LEE J H. Digital infrastructure for the internationalization of small and medium-sized enterprises in the republic of Korea[J]. Project Documents, 2021, 26(6): 7-9.

[19] 王海, 闫卓毓, 郭冠宇, 等. 数字基础设施政策与企业数字化转型: "赋能"还是"负能"?[J]. 数量经济技术经济研究, 2023, 40(5): 5-23.

[20] 沈坤荣, 史梦昱. 以新型基础设施建设推进产业转型升级[J]. 江苏行政学院学报, 2021(2): 42-49.

[21] 郑玉. 数字基础设施建设对企业创新影响机理探究——基于"宽带中国"战略试点准自然实验的实证检验[J]. 中央财经大学学报, 2023(4): 90-104.

[22] 裴馨, 高远东. 数字基础设施建设如何影响劳动力工资——基于搜寻与匹配模型的分析[J]. 山西财经大学学报, 2024, 46(2): 16-28.

[23] 胡浩然, 宋颜群. 网络基础设施建设与劳动收入份额——基于"宽带中国"战略的证据[J]. 上海财经大学学报, 2023, 25(1): 19-33.

[24] 陈阳, 王守峰, 李勋来. 网络基础设施建设对城乡收入差距的影响研究——基于"宽带中国"战略的准自然实验[J]. 技术经济, 2022, 41

(1)：123-135.

[25] 李晓钟,李俊雨.数字经济发展对城乡收入差距的影响研究［J］.农业技术经济,2022（2）：77-93.

[26] 罗蓉,彭楚慧,鲍新中.互联网使用与家庭旅游消费——基于信息渠道的中介效应分析［J］.旅游学刊,2022,37（4）：52-66.

[27] 于志慧,何昌磊.数字基础设施建设与城市创新质量——基于长江经济带110个地级市的实证分析［J］.华东经济管理,2023,37（9）：57-67.

[28] 孙倩倩,鞠方,周建军.数字基础设施建设与城市创新：基于技术分工视角的分析［J］.中国软科学,2023（7）：178-192.

[29] 王阳,郭俊华.数字基础设施建设能否推动工业绿色转型发展？——基于"宽带中国"战略的准自然实验［J］.经济问题探索,2023（8）：1-18.

[30] 李治国,李兆哲,孔维嘉.数字基础设施建设赋能包容性绿色增长：内在机制与经验证据［J］.浙江社会科学,2023（8）：15-24+156.

[31] 尹西明,陈劲,林镇阳,等.数字基础设施赋能区域创新发展的过程机制研究——基于城市数据湖的案例研究［J］.科学学与科学技术管理,2022,43（9）：108-124.

[32] 盛磊,杨白冰.新型基础设施建设的投融资模式与路径探索［J］.改革,2020（5）：49-57.

[33] 谢文栋."新基建"与城市创新——基于"宽带中国"战略的准自然实验［J］.经济评论,2022（5）：18-34.

[34] 姜卫民,范金,张晓兰.中国"新基建"：投资乘数及其效应研究［J］.南京社会科学,2020（4）：20-31.

[35] 刘军,杨渊鋆,张三峰.中国数字经济测度与驱动因素研究［J］.上海经济研究,2020（6）：81-96.

[36] 曹光宇,周黎安,刘畅,等.共享单车平台进驻对城市空气质量的影响［J］.经济学（季刊）,2023,23（2）：801-817.

[37] 韩景旺,李林汉.中国省际金融创新的空间关联及影响因素分析［J］.统计与决策,2023,39（20）：136-140.

[38] 郭朝先,王嘉琪,刘浩荣. "新基建"赋能中国经济高质量发展的路径研究 [J]. 北京工业大学学报(社会科学版), 2020, 20 (6): 13-21.

[39] 范合君,吴婷. 新型数字基础设施、数字化能力与全要素生产率 [J]. 经济与管理研究, 2022, 43 (1): 3-22.

[40] 赵树宽,赵煦琨,邵东. 数字基础设施对区域创新资源配置效率的影响研究——基于资源错配的视角 [J]. 吉林大学社会科学学报, 2025, 65 (1): 148-164+238.

[41] 李斯林,余红心,武文博,等. 数字基础设施对产业升级的影响机制研究 [J]. 科技进步与对策, 2023, 40 (12): 99-107.

[42] 王琴,李敬,丁可可,等. 数字基础设施与县域经济韧性:基于准自然实验的研究 [J]. 软科学, 2025 (1): 92-115.

[43] DU X. How does new infrastructure investment affect economic growth quality? Empirical evidence from China [J]. Sustainability, 2022, 14 (6): 3511.

[44] 赵春明,杨宏举. 数字基础设施建设提升产业链供应链韧性了吗?[J]. 当代财经, 2024, 11 (1): 72-83.

[45] 焦豪,崔瑜,张亚敏. 数字基础设施建设与城市高技能创业人才吸引 [J]. 经济研究, 2023, 58 (12): 150-166.

[46] 金海燕,李佩. 数字基础设施驱动技术创新的传导机制与效应:经验证据与梳理模拟 [J]. 技术经济, 2025, 44 (2): 67-84.

[47] 沈珊珊,罗琛,程铖. 数字基础设施建设对企业数字技术创新的驱动效应研究 [J]. 经济问题探索, 2025 (2): 62-76.

[48] 林建鹏,曹现强,张颖慧. 中国城市市政基础设施水平影响因子及非均衡性——基于城市分层分析框架 [J]. 地理科学, 2021, 41 (4): 562-570.

[49] 邓丽,陆扬,钟章奇. 数字基础设施、空间溢出效应及全要素生产率 [J]. 经济经纬, 2025, 42 (1): 16-27.

[50] 邓慧慧,刘宇佳,王强. 中国数字技术城市网络的空间结构研究——兼论网络型城市群建设 [J]. 中国工业经济, 2022 (9): 121-139.

[51] 钞小静,薛志欣. 新型信息基础设施对中国企业升级的影响 [J]. 当代财

经，2022（1）：16-28.

[52] 康丽华．数字基础设施建设对区域消费市场活跃度的影响［J］．商业经济研究，2025（6）：59-63.

[53] TANG K, YANG G. Does digital infrastructure cut carbon emissions in Chinese cities? [J]. Sustainable Production and Consumption, 2023, 35: 431-443.

[54] 江小涓，孟丽君．内循环为主、外循环赋能与更高水平双循环——国际经验与中国实践［J］．管理世界，2021，37（1）：1-19.

[55] 郑玉．数字基础设施建设对企业创新影响机理探究——基于"宽带中国"战略试点准自然实验的实证检验［J］．中央财经大学学报，2023（4）：90-104.

[56] 韩景旺，李林汉．中国省际金融创新的空间关联及影响因素分析［J］．统计与决策，2023，39（20）：136-140.

[57] 王欣亮，张家豪，刘飞．大数据是经济高质量发展的新引擎吗？——基于数据基础设施与技术应用的双重效应解释［J］．统计研究，2023，40（5）：103-119.

[58] 徐维祥，陈希琳，周建平，等．新型和传统基础设施建设耦合协调：时空格局、地区差异与驱动因子［J］．工业技术经济，2022，41（1）：94-103.

[59] 徐腾达，侯宇飞，陈迪，等．数字基础设施建设对企业劳动收入份额的影响研究［J］．软科学，2024，38（9）：1-7.

[60] SINGH P J, VIPRA J. Economic Rights over Data: A Framework for Community Data Ownership. Development, 2019, 16: 53-57.

[61] 殷赏，陈强远，孙久文．数字基础设施、信息传递与资本空间配置［J］．改革，2025（2）：88-104.

[62] 庐江，王煜萍，郭子昂．数字基础设施建设对新质生产力发展的影响［J］．上海经济研究，2024（12）：16-29.

[63] 汪亚美，余兴厚．数字基础设施对城市碳排放的时空动态效应——基于"宽带中国"准自然实验的证据［J］．重庆大学学报（社会科学版），

2025, 31（1）：100-116.

［64］杨焕焕，朱明江，褚先行. 数字基础设施建设水平综合测度、时空演进及区域差异分析［J］. 统计与决策，2024，40（17）：114-119.

［65］ZHAO T. & DUAN L. Digital transformation：how digital infrastructure impacts urban livability in China［J］. Applied economics，2025，19：2464820.

［66］XU Q. & LI X. How digital infrastructure development affects residents' health：A quasi natural experiment based on the "Broadband China" strategy［J］. Journal of cities，2025，157：105611.

［67］HUANG J，HENFRIDSSON O，LIU M，et al. Growing on steroids：rapidly scaling the user base of digital ventures through digital innovation［J］. MIS Quarterly，2017，41（1）：301-314.